図解 現代中国の軌跡

中国政治

楊鳳春　著

三潴正道　監訳

井田　綾
高崎由理　共訳
吉田祥子

SP TOKYO

出版にあたって

　習近平総書記は、「全面的に対外開放するという状況において重要な任務は、人々がより全面的、客観的に現代中国を認識し、外部の世界を見るよう導くことである」と指摘した。全面的、客観的に現代中国を認識するには、中国の基本的状況を理解し、国情を掌握するのが基礎であり、それは我々が中国独自の社会主義の道を確固たる足取りで歩む前提条件であり、主要条件でもある。このため、我が社は特にこの『図解現代中国叢書』の出版を企画した。

　このシリーズの最大の特徴は、要点を押さえた文章説明と図解による相互補完方式を通して、わかりやすく具体的に内容を示すことにより、読者がマクロ的、視覚的に、かつ素早く手軽に国情の基本的な側面とポイントをつかむことができ、同時により全般的に深く現在の中国を理解できるよう導いていることである。このシリーズは、我々が読者に提供する新しい試みであり、至らぬ点については、ご叱正賜るようお願い申し上げる。

人民出版社

2013 年 9 月

監訳者序文

　今般、科学出版社東京より、人民出版社の図解現代中国シリーズ（国防・経済・教育・政治）計4冊を翻訳刊行することになった。これらはいずれも2011年～2014年にかけて中国国内で出版されたものである。したがってこの出版が、2012年の18全大会で党総書記が胡錦濤から習近平へバトンタッチされたことを受けたものであることは想像に難くない。

　18全大会以後、習近平体制の下、今日まで様々な改革が行われた。国務院の機構改革は過去何度も行われ、例えば、2003年に温家宝首相が誕生したときには、2001年のWTO加盟に合わせて大幅な機構改革が行われたが、2013年も李克強首相の登場とともに主要機構が25に統合され、「市場に権限を、社会に権限を、地方に権限を」というスローガンが打ち出された。すなわち、政府と市場の関係、政府と社会の関係に目が向けられたと言えよう。

　政治関係では、中国の権力構造に対する深い理解が今ほど必要な時はない。中国の政治において、党と国務院と軍、この三者の関係とバランスが常に決定的な要因となることは周知の事実であり、また、党の指導を堅持する基盤として、大衆の支持をどう具現化するかも不変の課題であり、建国以来の政治制度の変遷を探ることの意義は論を俟たない。

　このところ、2017年の19全大会、年明け後の二中全会・三中全会、そして3月の全人代と経過する中で、習近平政権の基盤構築が急速に進み、それとともに、今後のさまざまな改革の方向、外交方針も打ち出されているが、これらの動向を客観的かつ正しく把握することが今ほど求められているときはない。

　過去、日本における対中観は一方的なネガティブキャンペーンに洗脳され、極めて偏ったものとなり、中国のこれまでの発展プロセスを正確に分析することなく、中国をことさらにライバル視し、甚だしきは政治的・経済的に敵視するような論調が主流だった。もちろんこれには、領土問題や、これまでの中国ビジネスで経験した中国政府や相手企業の応対に対する日本側のトラウマが作用していることは否めない。しかし、上記のネガティブキャンペーンに含まれているもう1つの要素、すなわち、中国を見下す日本人の傲慢、中国に追いつき追い越されつ

つあるところから生まれる焦慮、ほぼ単一民族であるが故の "夜郎自大" 的な偏狭な島国根性と異文化理解能力の欠如も目をそらさず見つめる必要がある。

　中国を客観的かつ正確に分析するにはそのたどった道とそこで遭遇したさまざまな問題をしっかり把握することが大前提になろう。その意味で、本書が上記4つの分野で新中国が建国以来歩んできた道を豊富な図解を添えて提示したことは、はなはだ時宜を得た企画であった。

　今行われている改革はまさにその道の上に行われているのであり、このプロセスに対する深い認識がなければ、耳に入る豊富な情報も却って誤った判断を生んでしまうだろう。

　振り返れば、1989年の天安門事件、90年代末の朱鎔基の三大改革、中国の地域発展の動向、リーマンショックの影響、知財権政策、都市化の方向性、習近平の評価、自由貿易区への見方、国有企業改革に対する分析、いったい、日本人はどれくらい的をはずれた評価や予測を繰り返してきたことだろうか。急がば回れ、まず、本シリーズによって中国のこれまでの軌跡と内部組織のメカニズムを理解する事から始めるべきであろう。

三潴正道

2018年9月

監訳者序文

目　次

出版にあたって ——————————————————— *iii*

監訳者序文 ——————————————————————— *iv*

第1編　緒　論

第1章　現代中国政治制度の確立と発展 ————————— *2*

1.1　中華人民共和国の建国と発展 ————————————— *2*

1.2　現代中国の政治制度 ———————————————————— *4*

1.3　国家と人民の関係 ——————————————————————— *6*

第2章　憲法制度 ————————————————————————— *8*

2.1　憲法の制定・改正・解釈 ——————————————————— *8*

2.2　建国以来の憲法に準ずる文書と憲法 ————————— *10*

2.3　違憲審査制度 ————————————————————————— *12*

2.4　憲法の実施 ——————————————————————————— *14*

第2編　政党制度

第3章　中国共産党 ——————————————————————— *18*

3.1　中国の政党制度 ——————————————————————— *18*

3.2　中国共産党の地位と目標 ——————————————————— *20*

3.3　中国共産党の発展 ——————————————————————— *22*

3.4　国家と社会に対する中国共産党の指導（1）————— *24*

3.5　国家と社会に対する中国共産党の指導（2）————— *26*

3.6　中国共産党の組織制度（1）————————————————— *28*

3.7　中国共産党の組織制度（2）————————————————— *30*

3.8　中国共産党の中央組織（1）————————————————— *32*

3.9　中国共産党の中央組織（2）————————————————— *34*

3.10　中国共産党の地方組織（1）———————————————— *36*

3.11　中国共産党の地方組織（2）————————————————————— *38*

3.12　中国共産党員（1）———————————————————————————— *40*

3.13　中国共産党員（2）———————————————————————————— *42*

第4章　民主諸党派 ————————————————————————————————— *44*

4.1　中国の民主諸党派 ————————————————————————————— *44*

4.2　民主諸党派の参政 ————————————————————————————— *46*

4.3　民主諸党派による監督 —————————————————————————— *48*

4.4　中国国民党革命委員会（民革）————————————————————— *50*

4.5　中国民主同盟（民盟）——————————————————————————— *52*

4.6　中国民主建国会（民建）————————————————————————— *54*

4.7　中国民主促進会（民進）————————————————————————— *56*

4.8　中国農工民主党（農工党）——————————————————————— *58*

4.9　中国致公党（致公党）——————————————————————————— *60*

4.10　九三学社 ——————————————————————————————————— *62*

4.11　台湾民主自治同盟（台盟）——————————————————————— *64*

第3編　国家制度

第5章　人民代表大会制度 ————————————————————————————— *68*

5.1　人民代表大会の性質と地位 ——————————————————————— *68*

5.2　全国人民代表大会の職権 ———————————————————————— *70*

5.3　全国人民代表大会の会議としくみ（1）———————————————— *72*

5.4　全国人民代表大会の会議としくみ（2）———————————————— *74*

5.5　全国人民代表大会の会議としくみ（3）———————————————— *76*

5.6　全国人民代表大会の会議としくみ（4）———————————————— *78*

5.7　全国人民代表大会常務委員会 ————————————————————— *80*

5.8　全国人民代表大会常務委員会の職権 ————————————————— *82*

5.9　全国人民代表大会常務委員会の会議としくみ（1）——————————— *84*

5.10　全国人民代表大会常務委員会の会議としくみ（2）——————————— *86*

5.11　全国人民代表大会常務委員会の機関（1）——————————————— *88*

5.12 全国人民代表大会常務委員会の機関（2） —————— 90

5.13 全国人民代表大会と地方人民代表大会の代表（1） —————— 92

5.14 全国人民代表大会と地方人民代表大会の代表（2） —————— 94

第6章 国家主席 —————— 96

6.1 国家主席 —————— 96

6.2 国家主席の職権 —————— 98

6.3 国家主席の選出・辞職・罷免 —————— 100

第7章 国務院 —————— 102

7.1 国務院の地位と事務体制 —————— 102

7.2 国務院の構成 —————— 104

7.3 国務院の機構の設置 —————— 106

7.4 国務院の職権 —————— 108

7.5 国務院の行政方式 —————— 110

7.6 国務院の会議制度と公文書許認可制度 —————— 112

第4編 行政区分と政府の管理

第8章 行政区分と地方政府制度 —————— 116

8.1 行政区分 —————— 116

8.2 地方政府体系 —————— 118

8.3 地方各級人民代表大会 —————— 120

8.4 地方国家機構構成員の選挙 —————— 122

8.5 地方国家機構構成員の罷免と辞職 —————— 124

第9章 民族自治区制度 —————— 126

9.1 中国少数民族概況 —————— 126

9.2 少数民族居住区の自治制度 —————— 128

9.3 民族自治地域の設置 —————— 130

9.4 少数民族自治地域の自治機関 —————— 132

図解　現代中国の軌跡　中国政治

9.5　少数民族自治地域の自治 —————————————————— 134

第 10 章　特別行政区制度 ———————————————————————— 136

10.1　特別行政区制度 —————————————————————————— 136

10.2　特別行政区の設立（1）————————————————————— 138

10.3　特別行政区の設立（2）————————————————————— 140

10.4　香港特別行政区政府（1）———————————————————— 142

10.5　香港特別行政区政府（2）———————————————————— 144

10.6　マカオ特別行政区政府（1）——————————————————— 146

10.7　マカオ特別行政区政府（2）——————————————————— 148

10.8　中央政府の管理と派遣駐在機構 —————————————————— 150

第 11 章　幹部と公務員に関する制度 ————————————————— 152

11.1　幹部と公務員 —————————————————————————— 152

11.2　幹部の管理制度 ————————————————————————— 154

11.3　公務員の管理制度 ———————————————————————— 156

11.4　公務員の職務上の序列と職位の類別 ———————————————— 158

11.5　公務員の採用と昇進 ——————————————————————— 160

11.6　公務員の交流と忌避 ——————————————————————— 162

11.7　公務員の職務の任免 ——————————————————————— 164

11.8　公務員の審査と懲戒（1）———————————————————— 166

11.9　公務員の審査と懲戒（2）———————————————————— 168

11.10　公務員の辞職 —————————————————————————— 170

第 12 章　紀律検査・監察制度 ——————————————————————— 172

12.1　共産党の紀律検査機関（1）——————————————————— 172

12.2　共産党の紀律検査機関（2）——————————————————— 174

12.3　監察機関（1）—————————————————————————— 176

12.4　監察機関（2）—————————————————————————— 178

12.5　監察機関（3）—————————————————————————— 180

12.6　その他の反腐敗機構およびその職責 ——————— *182*

第5編　社会における政治生活

第13章　政治協商制度 ——————————————— *186*
13.1　政治協商制度の概要 ——————————————— *186*
13.2　人民政協（1）————————————————— *188*
13.3　人民政協（2）————————————————— *190*
13.4　政協全国委員会（1）—————————————— *192*
13.5　政協全国委員会（2）—————————————— *194*
13.6　政協全国委員会（3）—————————————— *196*
13.7　政協地方委員会 ———————————————— *198*
13.8　政治協商会議に参加する組織および個人 ————— *200*

第14章　選挙制度 ———————————————————— *202*
14.1　中国の選挙制度 ———————————————— *202*
14.2　選挙指揮命令機構 ——————————————— *204*
14.3　選挙区、選挙単位、有権者（1）———————— *206*
14.4　選挙区、選挙単位、有権者（2）———————— *208*
14.5　代表候補者 —————————————————— *210*
14.6　直接選挙 ——————————————————— *212*
14.7　間接選挙 ——————————————————— *214*
14.8　代表に対する罷免と補欠選挙 ————————— *216*

第15章　基層自治制度 ————————————————— *218*
15.1　基層大衆自治制度 ——————————————— *218*
15.2　村民委員会制度（1）—————————————— *220*
15.3　村民委員会制度（2）—————————————— *222*
15.4　村民委員会制度（3）—————————————— *224*
15.5　村民委員会制度（4）—————————————— *226*
15.6　村民委員会制度（5）—————————————— *228*

図解　現代中国の軌跡　中国政治

15.7　村民委員会制度（6）————————————————————230

15.8　居民委員会————————————————————————232

15.9　従業員代表大会————————————————————————234

第16章　社会団体と大衆組織————————————————————236

16.1　社会団体————————————————————————————236

16.2　全国レベルの社会団体————————————————————238

16.3　中華全国総工会————————————————————————240

16.4　中国共産主義青年団————————————————————242

16.5　中華全国婦女連合会————————————————————244

16.6　その他の主要な社会団体————————————————246

第5編　訳注————————————————————————————248

訳者あとがき————————————————————————————249

xii

第1編
緒　論

● 第1章　現代中国政治制度の確立と発展
● 第2章　憲法制度

図解　現代中国の軌跡　中国政治

1.1　中華人民共和国の建国と発展

1949年、中華人民共和国建国。1966年から1976年、「文化大革命」（略称「文革」）。1978年、改革開放政策に転換、新たな発展期に入る。

●中華人民共和国の建国とその後の曲折

1949年9月21日から30日にかけ、中国共産党・各民主諸党派・無党派人士・各人民団体・人民解放軍・各地区・各民族および在外華僑の代表ら計662人が参加し、中国人民政治協商会議第1期全体会議が北平（北京）において開催された。この会議は臨時制憲会議の役割を担っていた。10月1日、中華人民共和国の建国が宣言された。

1949年から1956年にかけては、新民主主義革命の成功と社会主義基本制度の確立とが新中国の進歩発展のためにその政治の根本方針および制度上の基礎を固めた。1956年から1966年にかけては、全面的に社会主義建設が着手され、困難な模索の過程で多くの重要な事例や教訓が蓄積された。1966年には「文化大革命」が勃発し、10年に及ぶ深刻な動乱に陥った。

●改革開放：新たな発展段階

1976年10月、王洪文・張春橋・江青・姚文元〔通称「四人組」〕が逮捕される。1977年、中国共産党10期三中全会〔第3回党中央委員会全体会議〕で鄧小平が職務復帰し、「文革」が正式に終息する。

1978年12月の11期三中全会で、社会主義現代化建設が党および国家の重点政策と定められ、鄧小平が中央指導集団の中心的存在となる。この会議で党は重要な方針転換を行い、改革開放は新たな段階に入った。

1979年、鄧小平は4つの近代化のために堅持すべき4項目の基本原則を打ち出した。社会主義路線の堅持、プロレタリア独裁（後に「人民民主独裁」）の堅持、党による指導の堅持、マルクス・レーニン主義と毛沢東思想の堅持である。これらの原則は、経済建設を中心とする改革開放と併せて、11期三中全会以降における党の基本路線の核心的内容となった。

12.6 その他の反腐敗機構およびその職責 —————————— *182*

第5編　社会における政治生活

第13章　政治協商制度 ———————————————— *186*

13.1 政治協商制度の概要 ———————————————— *186*

13.2 人民政協（1）——————————————————— *188*

13.3 人民政協（2）——————————————————— *190*

13.4 政協全国委員会（1）———————————————— *192*

13.5 政協全国委員会（2）———————————————— *194*

13.6 政協全国委員会（3）———————————————— *196*

13.7 政協地方委員会 —————————————————— *198*

13.8 政治協商会議に参加する組織および個人 —————— *200*

第14章　選挙制度 ——————————————————— *202*

14.1 中国の選挙制度 —————————————————— *202*

14.2 選挙指揮命令機構 ————————————————— *204*

14.3 選挙区、選挙単位、有権者（1）———————————— *206*

14.4 選挙区、選挙単位、有権者（2）———————————— *208*

14.5 代表候補者 ———————————————————— *210*

14.6 直接選挙 ————————————————————— *212*

14.7 間接選挙 ————————————————————— *214*

14.8 代表に対する罷免と補欠選挙 ————————————— *216*

第15章　基層自治制度 ————————————————— *218*

15.1 基層大衆自治制度 ————————————————— *218*

15.2 村民委員会制度（1）———————————————— *220*

15.3 村民委員会制度（2）———————————————— *222*

15.4 村民委員会制度（3）———————————————— *224*

15.5 村民委員会制度（4）———————————————— *226*

15.6 村民委員会制度（5）———————————————— *228*

図解　現代中国の軌跡　中国政治

15.7　村民委員会制度（6）　　230

15.8　居民委員会　　232

15.9　従業員代表大会　　234

第16章　社会団体と大衆組織　　236

16.1　社会団体　　236

16.2　全国レベルの社会団体　　238

16.3　中華全国総工会　　240

16.4　中国共産主義青年団　　242

16.5　中華全国婦女連合会　　244

16.6　その他の主要な社会団体　　246

第5編　訳注　　248

訳者あとがき　　249

第1編
緒　論

●第1章　現代中国政治制度の確立と発展
●第2章　憲法制度

図解　現代中国の軌跡　中国政治

1.1　中華人民共和国の建国と発展

1949 年、中華人民共和国建国。1966 年から 1976 年、「文化大革命」（略称「文革」）。1978 年、改革開放政策に転換、新たな発展期に入る。

●中華人民共和国の建国とその後の曲折

1949 年 9 月 21 日から 30 日にかけ、中国共産党・各民主諸党派・無党派人士・各人民団体・人民解放軍・各地区・各民族および在外華僑の代表ら計 662 人が参加し、中国人民政治協商会議第 1 期全体会議が北平（北京）において開催された。この会議は臨時制憲会議の役割を担っていた。10 月 1 日、中華人民共和国の建国が宣言された。

1949 年から 1956 年にかけては、新民主主義革命の成功と社会主義基本制度の確立とが新中国の進歩発展のためにその政治の根本方針および制度上の基礎を固めた。1956 年から 1966 年にかけては、全面的に社会主義建設が着手され、困難な模索の過程で多くの重要な事例や教訓が蓄積された。1966 年には「文化大革命」が勃発し、10 年に及ぶ深刻な動乱に陥った。

●改革開放：新たな発展段階

1976 年 10 月、王洪文・張春橋・江青・姚文元〔通称「四人組」〕が逮捕される。1977 年、中国共産党 10 期三中全会〔第 3 回党中央委員会全体会議〕で鄧小平が職務復帰し、「文革」が正式に終息する。

1978 年 12 月の 11 期三中全会で、社会主義現代化建設が党および国家の重点政策と定められ、鄧小平が中央指導集団の中心的存在となる。この会議で党は重要な方針転換を行い、改革開放は新たな段階に入った。

1979 年、鄧小平は 4 つの近代化のために堅持すべき 4 項目の基本原則を打ち出した。社会主義路線の堅持、プロレタリア独裁（後に「人民民主独裁」）の堅持、党による指導の堅持、マルクス・レーニン主義と毛沢東思想の堅持である。これらの原則は、経済建設を中心とする改革開放と併せて、11 期三中全会以降における党の基本路線の核心的内容となった。

中央人民政府委員会構成員

（1949 年 9 月 30 日、中国人民政治協商会議第 1 期全体会議で選出）

主席　毛沢東

副主席
（6 人）　朱徳・劉少奇・宋慶齢（非共産党員）・李済深（非共産党員）・張瀾（非共産党員）・高崗

委員　合計 56 人、うち非共産党員 27 人

政務院構成員

（中央人民政府委員会第 1 回会議、第 3 回会議で任命）

首相　周恩来（外交部長を兼任）

副首相
（4 人）　董必武・陳雲・郭沫若（無党派）・黄炎培（民主建国会）

政務委員
（15 人）　譚平山（三民主義同志連合会）・謝覚哉・羅瑞卿・薄一波・曾山・滕代遠・章伯鈞（中国民主同盟）・李立三・馬叙倫（中国民主促進会）・陳劭先（中国国民党革命委員会）・王昆侖（三民主義同志連合会）・羅隆基（中国民主同盟）・章乃器（民主建国会）・邵力子（国民党民主派）・黄紹竑（国民党民主派）

秘書長　李維漢

1.2 現代中国の政治制度

　中国の現代の政治制度は中国共産党が国家を指導している点が特徴的である。

●現代中国政治制度の本質

　政治制度は特定の公共秩序と利益分配を実現することを最終目的としており、人類の政治社会の本質を反映している。現代中国の政治制度とは、主に人民民主主義独裁・憲法・政党・人民代表大会・国家元首・国家行政・民族地域自治・特別行政区・司法・軍事・幹部人事・「多党協力および政治協商」・選挙・「基層の自治民主制度」など、政権を組織することにより政治的統治を実現することを目指す各種原則とその実現方式の総和を指している。

●現代中国政治制度の基本構造

　現代中国の国体は人民民主独裁制度であり、国家のすべての権力（まず第一に国家権力）は人民に属している。現段階で、人民とはすべての社会主義労働者、社会主義を支持する愛国者、祖国統一を指示する愛国者を指す。

　人民民主独裁制度は、労働者階級を中国の指導者階級と定め、労働者と農民の連帯が国家政権の階級的基礎となっている。

　人民民主独裁の核心は国家に対する労働者階級の指導権を堅持する点にあり、それは労働者階級の先鋒たる共産党によって実現される。共産党は唯一の執政党で、人民民主独裁を堅持することは党による指導を堅持することに等しい。

　現代中国は共産党の指導による多党協力と政治協商による政党制度を採っており、共産党は民主諸党派に参与を呼びかけ、共同で国政に対処している。

　中華人民共和国の政体は人民代表大会制度で、人民代表は全国人民代表大会と地方各級人民代表大会を構成し、人民を代表してすべての国家権力を掌握し行使し、またその他の国家機関を設け、それぞれ国家の行政・裁判・検察などの権力を行使する。こうした国家機関は人民代表大会に対して責任を負い、人民代表大会の監督を受ける。

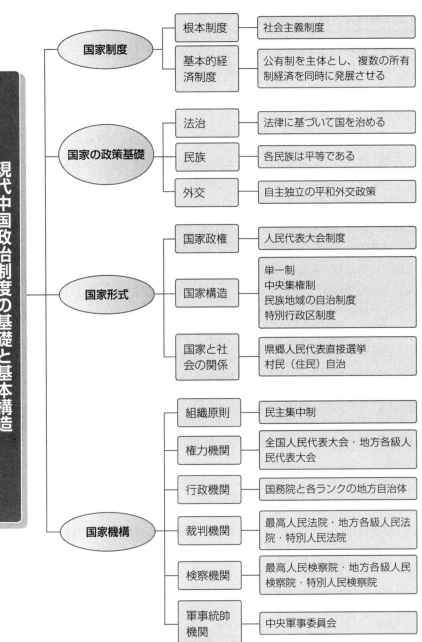

第1章 現代中国政治制度の確立と発展

図解　現代中国の軌跡　中国政治

1.3　国家と人民の関係

　中華人民共和国のすべての権力は人民に属する。国家の武装兵力も人民に属する。その任務は国防を強化し、侵略を防止し、国家建設に参加することにある。

●公民に対する国家の責任と義務

　中国において、国家は公民に権利を与え、また公民を保護する義務を有する。

　人権・財産権・申訴権：国家は人権を尊重し保証する。国家は公民の私有財産権と相続権を保護する。国家は公民が提起する申訴・告訴・告発について、必ず責任を持って処理しなければならない。

　就業、社会保障：国家は労働者の報酬や福利厚生が向上する環境を整える。国家は未就労の公民に職業訓練を提供する。定年退職者は生活において国家と社会の保障を受ける。傷痍軍人、軍人の家族および遺族、身体障害者などは国家の保障と扶助を受ける。

　文化、教育：国家は教育・科学・技術・文学・芸術とその他の文化事業に従事する公民の、民衆に寄与する創造的活動に対し奨励策と扶助を与える。

　その他：国家は女性の権利と利益を保護する。国家は華僑の権利と利益を保護し、帰国華僑や留守家族の権利と利益を保護する。

●公民の基本的権利と義務

　中国の公民の基本的権利：政治的な権利と自由。宗教信仰の自由。人身の自由。批判・提案・申訴・告訴・告発・賠償請求の権利。社会経済的権利。文化教育の権利。女性・老人・児童の国家の庇護を受ける権利。

　同時に、中国の公民は法律に基づいて以下の義務を履行しなければならない：国家の統一と各民族の団結を守る。憲法と法律を遵守し、国家機密を保守し、公共秩序を遵守し、社会モラルを尊重する。国家の安全・栄誉・利益を守る。祖国を守り侵略に抵抗し、法律に基づいて兵役に服し、民兵組織（正規軍隊の予備武装隊。平時は人民であり、戦時には兵士となる）に参加する。

　中国の公民の義務：法律に基づいて納税する義務。計画出産を行う義務。労働の義務。教育を受ける義務。両親は未成年の子女を養育し教育する義務を有し、成人した子女は両親を扶養し扶助する義務を有する。

6

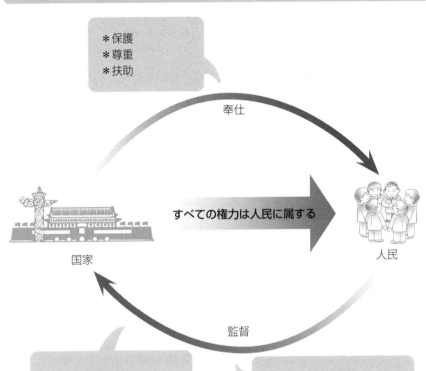

図解　現代中国の軌跡　中国政治

2.1　憲法の制定・改正・解釈

現代中国において、憲法は全国人民代表大会が制定する。全国人民代表大会常務委員会は憲法を解釈しその実施を監督する権利を有する。

憲法は立国法（国家の基本法）として最高の権威を有し、その制定と改正にはいずれも特別な手続きが定められている。中国は単一制の国家で、ただ１つの憲法が存在する。その中で特別行政区は高度な自治権が認められており、行政管理権・立法権・独立司法権・最終裁判権を有している。しかしその立法権は地方を管理する法律の制定に限られ、憲法を制定することはできない。《香港特別行政区基本法》はミニ憲法や代議機関制定法ではなく、憲法に含まれる特別法であることなどがその例である。

●憲法制定機関

憲法は、その改正機関は全国人民代表大会であると規定している。立憲政治の原理と実践に照らせば、全国人民代表大会が中国の憲法制定機関となる。

●憲法の改正

全国人民代表大会常務委員会あるいは全国人民代表大会代表５分の１以上の連名で、憲法改正を提起する権限が認められている。

中国における憲法改正は、通常は中国共産党中央が憲法改正案を提出し、全国人民代表大会が憲法改正手続きに着手する。

憲法改正は全国人民代表大会の全代表の３分の２以上の多数で可決される。

全国人民代表大会主席団は全国人民代表大会の公告によって憲法の改正案を公布する。

●憲法の解釈

憲法の規定によると、全国人民代表大会常務委員会は憲法を解釈し、憲法の実施を監督する。全国人民代表大会常務委員会は法律を制定し、その決定・決議の公表によって憲法解釈を表明する。

全国人民代表大会常務委員会は全国人民代表大会の常設機構であり、全国人民代表大会もまた全国人民代表大会常務委員会の憲法解釈を監督する権利を有する。

8

憲法制定と憲法改正

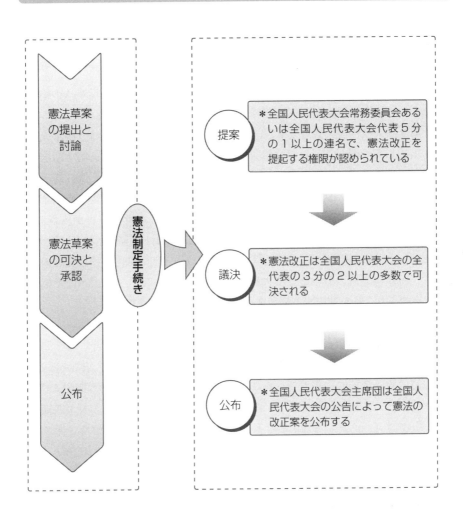

図解　現代中国の軌跡　中国政治

2.2　建国以来の憲法に準ずる文書と憲法

1949 年以来、中国の憲法は社会情勢に合わせたびたび修正と改善が加えられた。

●改革開放以前：臨時憲法から正式憲法へ

1949 年 9 月 29 日、中国人民政治協商会議第 1 期全体会議は臨時憲法の役割を担う「中国人民政治協商会議共同綱領」（略称、「共同綱領」）を承認した。1954 年、第 1 期全国人民代表大会〔以下、「全人代」とする〕第 1 回会議は「中華人民共和国憲法」を承認し、これが共和国初の憲法となった。1975 年、第 4 期全人代第 1 回会議は改正《中華人民共和国憲法》を承認した。1978 年、第 5 期全人代第 1 回会議は第 3 次改正憲法を承認した。1979 年、全人代常務委員会は第 5 期全人代第 2 回会議で憲法改正を提案し、憲法には 18 か所の修正が施された。1980 年、第 5 期全人代第 3 回会議は憲法第 45 条を改正し、「公民は『大鳴・大放・大弁論・大字報』〔四大民主と呼ばれる自由な意見表明、議論、壁新聞の掲示を指す。1957 年以降の政治運動で大衆に常用された方法で、文化大革命で極端に推し進められた〕を運用する権利を有する」という規定を削除した。

●改革開放後：憲法の継続的な改善

1982 年、第 5 期全人代第 5 回会議は新憲法を承認した。1988 年、第 7 期全人代第 1 回会議は 1982 年の憲法に 2 か所の改正を加え、私営経済が合法であること、土地使用権は合法的に譲渡できることを確認した。1993 年、第 8 期全人代第 1 回会議は憲法修正案を承認し、国家の根本任務、国有経済、農村の経済組織と形式、市場経済、企業の管理制度などについて改正を行った。1999 年、第 9 期全人代第 2 回会議は 6 か所の憲法修正を施した。そこでは、非公有制経済が「社会主義市場経済の重要な構成部分」であることが規定され、「反逆活動およびその他の反革命活動を鎮圧」という文言が「反逆活動およびその他の国家の安全に危害をもたらす犯罪活動を鎮圧」と修正された。

2004 年、第 10 期全人代第 2 回会議は 14 か所の憲法改正を施し、「公民の合法的な私有財産は侵されない」「国家は、法律の定めるところにより、公民の私有財産権と相続権を保護する」「国家は人権を尊重し保障する」ことを規定し、また、国家主席の職権を拡大した。

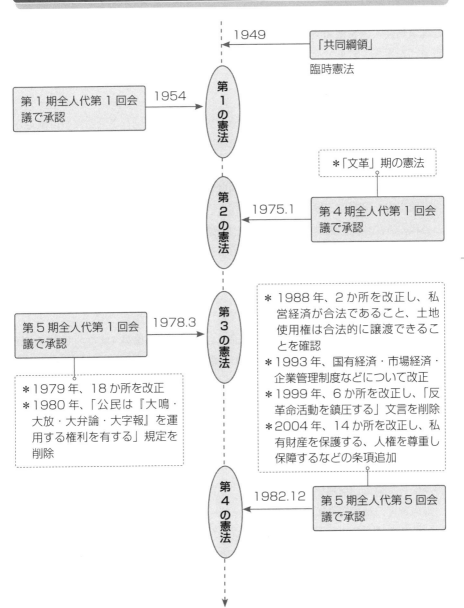

2.3 違憲審査制度

　中国における違憲審査は、国家機関の法律・法規・法律性文書の合憲性、および国家機関・国家機関職員・各政党・武装兵力・社会団体・事業組織・全公民の行為の合憲性を対象とする。

●違憲審査の意味と機関

　違憲審査は広義においては国家が憲法の実施を監視し励行させるために制定された各種制度の総称であり、特定の国家機関や政党・世論・公民など各種の社会的存在を管理抑制することを含む。狭義においては特定の国家機関が法の定める手続きに従って違憲事案の審査を行う制度を指す。

　違憲審査を実施する機関は全国人民代表大会およびその常務委員会である。地方各級の人民代表大会は当該行政区域内で憲法の実施を保証する職責を担っており、地方各級の人民代表大会およびその常務委員会もまた重要な違憲審査機関である。

●違憲審査の主たる方法と結果処理

　違憲審査は事前審査と事後審査を総合した方式で行われる。

　事前審査とは、法律文書の公布実施前に、権限を持つ機関（すなわち法律や行政法規の明確な規定によって、企業または個人の金融機関預金を照会・凍結・差押えする権限を有する司法機関・行政機関・軍事機関。さらに行政機能を行使できる公安・検察院・法院〔裁判所〕・税務署・税関などの機関）によってその法律文書の合憲性について審査が行われることを指す。審査によって違憲であると認定された場合は、直ちに修正を加えなければならない。

　事後審査は、法律文書が公布・実施された後に、あるいは特定の行為により影響が生じた後に、権限を持つ機関によって合憲性の審査が行われることを指す。

　違憲審査の結果処理には３種類ある。第一は、違憲になる法案を承認しないこと。仮に申請と承認によって発効する法案が事前審査によって違憲と認定されれば、承認発効を許可しない。第二は、違憲の法律・法規・決議・決定・命令を取り消すこと。第三は、憲法に違反した組織、人物の法的責任を追及することである。

中国の違憲審査

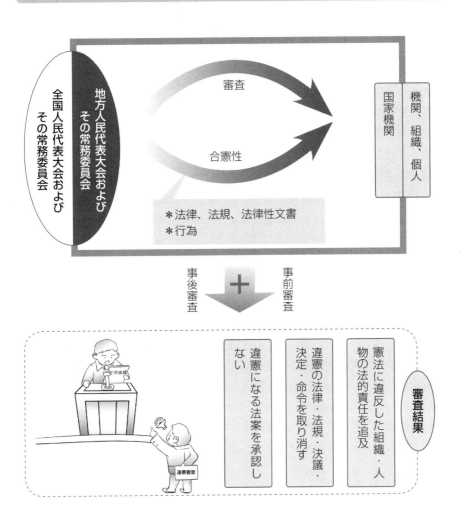

* 中国の違憲審査は主に人民代表大会およびその常務委員会が行う立法審査で、司法機関はその権限を持たない。
* 審査内容：国家機関の法律・法規・法律性文書を審査し、国家機関・国家機関職員・各政党・武装兵力・社会団体・企業組織・全公民の行為の合憲性を審査する。

図解　現代中国の軌跡　中国政治

2.4　憲法の実施

　憲法の実施とは、国家生活・社会生活において憲法理念が貫徹され実現されるための活動と過程であり、主に憲法の遵守と適用を指す。

●憲法の遵守

　憲法の遵守とは、すべての国家機関・社会組織・公民個人が何らかの活動を行う際、憲法規定に厳密に依拠することを指す。

　憲法第5条の規定によれば、いかなる組織も個人も憲法と法律を越える特権を保有してはならない。

　憲法の遵守は通常三重の意味を持つ。第一に憲法の与える権利を享受すること。第二に憲法に規定された作為義務（行為人が積極的行為を行うべき特定の法的義務）を履行すること。第三に憲法に規定された禁止条項に従うこと。

●憲法の適用

　憲法の適用とは、国家機関が法の定める職権と手続きによって憲法を具体的に運用する活動を指す。

　憲法を適用する主体の別により、憲法の適用は「執憲〔行政による憲法適用〕」と「司憲〔司法による憲法適用〕」に分けることができる。

　行政による憲法適用とは、国家の代議機関（立法機関とも呼ばれ、近代的民主政治において主に選挙により構成された立法機関を指す。資本主義国家における組織形態は議会。中国では全国人民代表大会およびその常務委員会）と行政機関（通常は「政府」と略称され、法律に基づいて構成され国家の行政職権を行使する行政組織のことで、政府と官僚機構を含む）が憲法の執行を貫徹する活動を指す。そこには、これらの機関が憲法に基づいて機関を設置し、その職権を確定し区分すること、憲法の関連規定に基づいて職権を行使し、憲法責任を追及することにより、憲法の禁止性規定と義務規定が確実に実行されうるよう企図することが含まれる。

　司法による憲法適用とは、国家の司法機関が法律に定められた原則と手続きによって憲法の運用を貫徹する活動を指す。

　中国では司法の実践において司法による憲法適用は基本的に認められておらず、一般的には憲法の条文を直接引用して判決の根拠とすることはない。

14

中国における憲法の遵守と適用

司憲
〔司法による
憲法適用〕

* 憲法の条文を引用して判決の根拠とする

司法機関

執憲
〔行政による
憲法適用〕

* 憲法に従って職権を行使する
* 憲法に従って職権を確定し区分する
* 憲法に従って機関を設置する

代議機関・行政機関

第2章　憲法制度

* 中国では司法の実践において司法による憲法適用は基本的に認められておらず、一般的には憲法の条文を直接引用して判決の根拠とすることはない。
* すべての法律・行政法規・地方法規は憲法に抵触してはならない。憲法に違反するすべての法律や行為は、必ず追及しなければならない。
* 国家は必要に応じて特別行政区を設立しなければならない。特別行政区内で実行される制度は具体的な情況に照らして、全国人民代表大会が法律に基づいて規定する。

第2編
政党制度

- 第3章　中国共産党
- 第4章　民主諸党派

図解　現代中国の軌跡　中国政治

3.1　中国の政党制度

　中国共産党が指導する多党協力と政治協商という政党制度は、中国の基本的政治制度となっており、長期にわたり継続発展していくことが見込まれる。

●中国の政党制度と西側諸国との相違

　政党制度とは国家政治における政党の地位と役割を言い、政党と政権の関係にまつわる制度・慣例・規範の総称である。

　中国における政党制度は、西側諸国における二大政党制や競争原理による多党制度とは異なり、中国独自の制度である。その基本的特徴は「共産党の指導の下に諸党派が協力し、共産党が政権を執り諸党派は参政する」ことにある。

●中国共産党と民主諸党派

　中国には現在、中国共産党とその他の8つの民主諸党派がある。8つの民主諸党派とは、中国国民党革命委員会（略称、「民革」）、中国民主同盟（略称、「民盟」）、中国民主建国会（略称、「民建」）、中国民主促進会（略称、「民進」）、中国農工民主党（略称、「農工党」）、中国致公党（略称、「致公党」）、九三学社、台湾民主自治同盟（略称、「台盟」）である。

　共産党と民主諸党派は次のような関係にある。共産党は中華人民共和国唯一の執政党で、8つの民主諸党派は、共産党の指導を受けることを前提に参政党として共産党と協力し、執政に参与する。共産党と各民主諸党派は長期にわたり共存し、互いに監督しあい、肝胆相照らし、栄辱を分かち合う。

　共産党と各民主諸党派の協力とは、民主諸党派が共産党の基本的政治理念を共有し、政治協商会議を通じ国家の重要事項の協議に参与することが主であり、共産党は民主諸党派の政治参与と政治討議を支持する。

他国とは異なる中国的政党制度

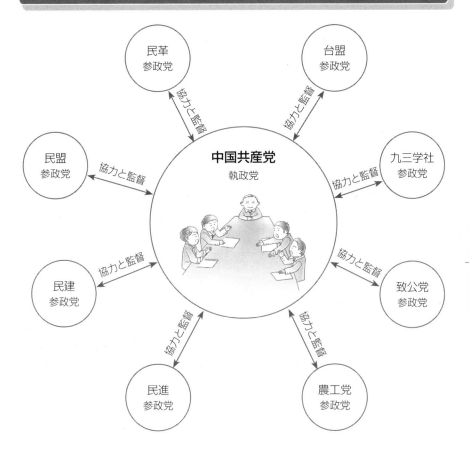

　中国の現行政党制度は多党協力と政治協商を行うもので、多党制あるいは二大政党制とは下記の諸点で相違する。
* 中国共産党は各民主諸党派と協力しまた互いに監督しあう。互いに対立するものではない。
* 中国共産党は政権を執り、各民主諸党派は法律に基づいて参政する。順番に政権を握るのではない（多党制においては、執政党以外の党派は野党となり政治に参与しない）。
* 中国の政党制度は人民代表大会制度に適合する。

図解　現代中国の軌跡　中国政治

3.2　中国共産党の地位と目標

　中国共産党の党規約と中国の憲法によれば、中国共産党は中国の唯一の執政党
で、その目標は共産主義を実現することにある。

●中国共産党の地位

　中国共産党の指導は社会生活のすべての領域に行きわたっている。党規約は「企
業・農村・機関・学校・科学研究機構・街道自治組織・社会組織・人民解放軍連
隊・その他の末端組織は、正式党員 3 人以上を有する場合はすべて党の末端組織
を設立する」と規定している。

　党の末端組織は社会の各領域で指導・管理・監視の役割を担う。国政において
は、党は人民代表大会・国家機関の各ランクで核心的地位にあり、同ランクの国
家機関に対して指導と管理を行う。

　その他の経済・社会生活の領域で、党は経済組織・社会組織・各種機関のすべ
てに適切な組織を設け管理を行う。

●目標とその実現方法

　中国共産党の理想と最終目標は共産主義を実現することにある。現段階におい
ては、社会主義初級段階の基本路線を実行すること、つまり経済建設を進めるこ
とが党の中心的な任務であり目標であり、その他の各種活動はすべて経済建設に
従属し奉仕する。

　経済発展・社会発展に関する党の戦略目標は、党創立百周年（2021 年）まで
に小康社会を全面的に実現すること、および中華人民共和国建国百周年（2049 年）
までに富強・民主・文明・和諧〔調和の取れた社会〕を兼ね備えた社会主義近代
国家を実現することにある。

　このために党は、公有制を主とし各種所有経済がともに発展する基本的経済制
度を堅持・整備し、労働に応じた分配を主とし各種分配方式を並存させる所得分
配制度を堅持・整備し、「一部の人、一部の地域が先に豊かになること〔それによっ
て、最終的に共に豊かになる共同富裕論〕」を奨励し、発展を維持することを第
一の重要任務とし、経済建設・政治建設・文化の建設・社会の建設・エコ文明社
会の建設を全面的に推進する。

20

中国共産党の社会主義初級段階における基本路線

| 富強 | 民主 | 文明 | 和諧 |

〔党が提唱し、2012年11月から広く宣伝している社会主義核心価値観の筆頭4項目〕

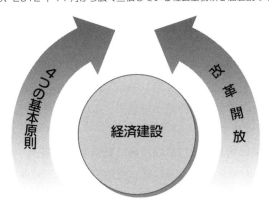

*社会主義初級段階における中国共産党の基本路線は、1つの中心、2つの基本政策、4つの目標で構成される。

経済発展・社会発展目標を実現する方法論体系

- **内容**：経済建設、政治建設、文化建設、社会建設、エコ文明社会の建設
- **意義**：人民のための発展、人民による発展、発展成果のすべての人民による享受
- **方法**：労働の尊重、知識の尊重、人材の尊重、創造の尊重
- **基準**：生産力の発展に有利かどうか、総合国力の増強に有利かどうか、人民の生活水準の向上に有利かどうか
- **体制**：公有制を主体とする／各種の所有経済とともに発展する

図解　現代中国の軌跡　中国政治

3.3　中国共産党の発展

中国共産党は創立以来絶えず自ら向上し、ついに国民党を倒し中華人民共和国を建国した。党内の権力交替および国政の大方針の確立方法はいかにすべきか。

●中国共産党の立党と発展

1921 年 7 月、中国共産党は上海で創立され「資本家階級政権を打倒」「プロレタリア独裁を承認」「資本家の私有制を消滅させる」「第三コミンテルン（共産主義インターナショナル。1919 年 3 月レーニンの主導で結成された。世界各国の共産党と共産主義団体の国際的連合組織で、本部はモスクワに置かれた。1943 年 6 月に解散）と連合する」と宣言した。

1927 年、党中央は湖北省漢口で秘密裏に緊急会議を開き、土地革命と武装蜂起の実行を決定し武装化した。1935 年、党中央は貴州省遵義で会議を行い、毛沢東の指導的地位を確立した。1945 年、党七全大会〔第 7 回全国代表大会〕は全党における毛沢東思想の指導的地位を確立した。

●全国政権掌握以後の発展

1949 年、中国共産党は国民党を打倒し、中華人民共和国を建国した。

1956 年、党八全大会は、「集団指導と個人の分担責任の結合を堅持し、党内民主を発揚し、個人崇拝に反対する」とした。1966 年から 76 年は文化大革命（文革）の嵐が吹き荒れた。

1977 年、党は十一全大会において文革の終結を宣言した。

1978 年、党は第 11 期第 3 回中央委員会全体会議（以下、11 期三中全会）で鄧小平を核心とする第 2 世代中央指導グループを形成し、中国は改革開放の時代に入った。

1989 年、党 13 期四中全会で、江沢民が第 3 代指導グループの核心となった。

2002 年、党は十六全大会で党中央総書記に胡錦涛を選出した。胡錦涛を総書記とする中央指導グループは科学的発展観を打ち出し、和諧社会の建設を目指した。

2012 年、党は十八全大会で党中央総書記に習近平を選出した。新たな中央指導グループが形成され、小康社会の全面的実現を目指した。

中国共産党の発展プロセス

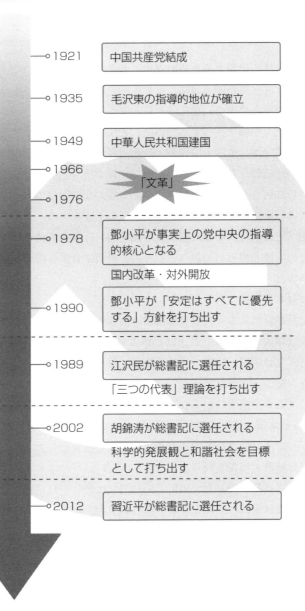

- 1921　中国共産党結成
- 1935　毛沢東の指導的地位が確立
- 1949　中華人民共和国建国
- 1966　「文革」
- 1976
- 1978　鄧小平が事実上の党中央の指導的核心となる

  国内改革・対外開放
- 1990　鄧小平が「安定はすべてに優先する」方針を打ち出す
- 1989　江沢民が総書記に選任される

  「三つの代表」理論を打ち出す
- 2002　胡錦涛が総書記に選任される

  科学的発展観と和諧社会を目標として打ち出す
- 2012　習近平が総書記に選任される

図解　現代中国の軌跡　中国政治

3.4　国家と社会に対する中国共産党の指導（1）

　中国共産党の職務は社会生活のすべての領域、すなわち宣伝・教育・組織・規律検査・大衆工作・統一戦線・党内外思想政治工作などに及ぶ。

●国家を維持し指導するための立法、および法の執行

　立法とは共産党が国家政権と社会生活を管理する手段であり、共産党が国家と社会を管理する意志を政権に注ぎ込み運用する過程をいう。

　党は立法を組織・指導するために、人民を指導して憲法と法律を制定する。国家の法律制定は、全国人民代表大会と同常務委員会が党の指導下で行わなければならない。このうち、重大で原則的な性質を持つ法律については、事前に党中央に申請し許可を得なければならない。一般的な法案については、基本思想とそこに含まれる重要原則について党中央が厳しく検査する。

　執法〔法の執行〕とは政権による政治的・行政的活動をいう。党は政府機関体系において核心的役割を担うことと、各機関に対する指導を強化することを重視している。

●軍に対する指導

　中国共産党による人民解放軍指導の根本的な原則は「党が銃を指揮する」にある。党は軍より上層に、政治は軍事より上層に、政権は軍権より上層に位置し、軍は必ず党の綱領・路線・方針・政策・政治的原則に従い、それらを実現しなければならない、とされている。

　党による軍の指導は以下のように示される。党中央と同軍事委員会（略称、「中央軍委」）は軍の最高指導権と最高指揮権を掌握しており、この二者による権限授与なしには、いかなる組織あるいは個人も軍事に介入・干渉・対処してはならず、軍の動員・指揮を行うことは許されない。軍では末端の連隊〔日本の中隊に相当〕に党支部を設立し、団以上の部門にはそれぞれ党委員会を設ける。党委員会は所属部隊を統一的に指導し、部隊の重要問題はすべて、緊急の条件下で上級指導者が臨時的処置を行える場合を除いて、必ず党委員会が決定する。軍においては、共産主義青年団以外のいかなる党派・政治団体・政治的組織を結成し構成員を募ることも禁止されている。党委員会の日常的業務の支援者として政治委員がいて、軍における党の事務機関として政治機関がある。

24

国家と社会に対する中国共産党の指導

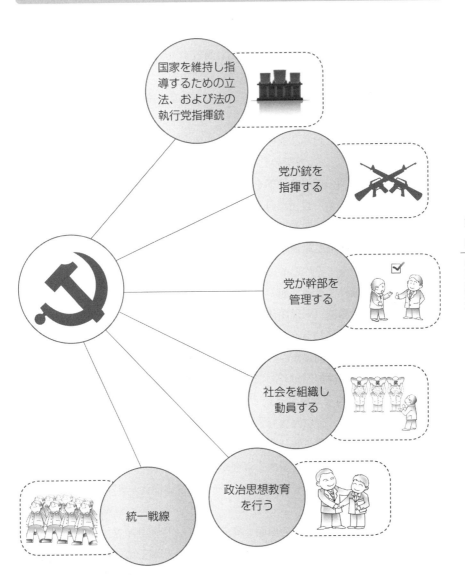

図解　現代中国の軌跡　中国政治

3.5　国家と社会に対する中国共産党の指導（2）

立法・執法の指導と武装部隊掌握のほか、中国共産党は社会生活の指導も行う。

●党が幹部を管理し、広く社会を組織化し動員する

党が幹部を管理するとは、中共産党が政権機関や社会各界に幹部を推薦または配置し指導的職務を担当させ、これらの幹部を通じて国家政権と社会生活の指導を行うことをいう。

具体的には以下のとおり。党中央が対党幹部業務の路線・方針・政策を統一的に制定し徹底させること。各級の党委員会が一定階層の指導的幹部を直接管理し、規定に従い国家機関の指導的幹部を推薦すること。党委員会が対幹部業務の全体的状況を監督し制御する責任を負うこと。党の幹部に国家機関の職務を担わせるべく何らかの形式で任命すること。

広く社会各層を組織し動員するとは、社会の構成員のすべてを特定の組織に組み入れることである。このために、党は民主主義革命の時期からすでに様々な社会組織や機関を設け、社会各層の構成員を組み入れ管理している。

●統一戦線と大衆組織（人民団体）

統一戦線とは、団結しうるすべてのパワーを中国共産党がまとめ、その事業のニーズにふさわしく目的にかなう方式で社会各層を動員し組織することで、党の当該ランクの統一戦線部門がその指導機関となる。組織は中国人民政治協商会議の形を採り、基本的な対象者は民主諸党派、無党派の知名人（主に愛国人士）、非共産党員の知識人、少数民族の上層者、愛国的宗教指導者、香港・マカオ・台湾の同胞、チベットの歴史的社会的上層者とその家族など。

党が社会の特定の構成員を組織し管理するための形式として、大衆組織、主に労働組合・婦女連合会・共産主義青年団、その他学術団体・業界団体などがある。

●思想政治教育

思想政治教育は宣伝と教育の両面で構成される。中国共産党はかねてから思想政治教育を重視し、すでに成熟した制度とモデルを形成している。各級の党委員会にはすべて専門機関があり、宣伝と教育のための多数の施設と政治思想教育を専門に行う幹部を擁している。

新時代の愛国統一戦線事業対象者

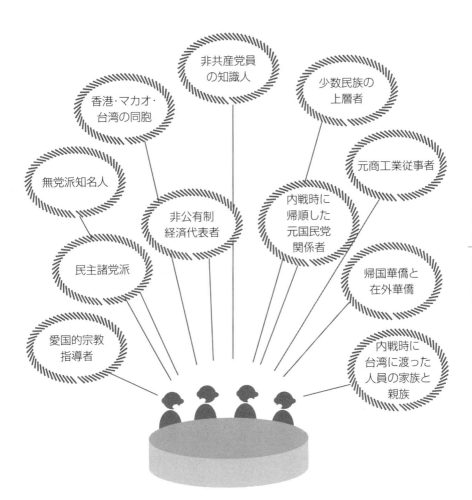

＊組織の形式：中国人民政治協商会議
＊現在の目標：経済建設と両岸の統一を推進する。

図解　現代中国の軌跡　中国政治

3.6　中国共産党の組織制度 (1)

民主集中制は中国共産党の組織づくりの根本的原則である。

●中国共産党の組織づくりの原則と基本的組織制度

民主集中制は中国共産党の組織づくりの根本的原則である。

民主集中制の原則として、党員個人は党の組織に従い、少数は多数に従い、下級組織は上級組織に従い、党内の各組織と全党員は党の全国代表大会と中央委員会に従う。

各級指導機関は、出向元の代表機関と非共産党組織内の党組織以外は、すべて選挙によって構成される。

最高指導機関は、全国代表大会とそこで選出される中央委員会であり、地方の各級指導機関は、地方の各級代表大会とそこで選出される委員会である。委員会は代表大会に対し業務上の責任を負い、報告をする。

上級組織は下級組織および党員の意見を聴取し、提出された問題を速やかに解決しなければならない。下級組織は上級組織の指示を仰ぎ報告をするほか、自己の職責範囲内の問題は独立して解決に努める。各級の組織は規定に基づいて党務を公開し、党内の事情に対する党員の理解を深め参与を促す。

各級の党委員会は集団指導と個人分業を組み合わせた制度を運用する。重大な問題は、集団指導・民主集中・個別醞醸〔事前ミーティング〕・会議決定の原則に従い、党委員会の集団討議によって決定する。委員会の構成員は合議による決定と分業に基づき職責を履行する。

党は個人崇拝を禁止しており、指導者の行為が党組織と人民によって監督されることを促進すると同時に、党と人民の利益を代表する指導者の威信を守る。

中国共産党の中央組織・地方組織・下部組織

中央組織

開催頻度
* 全国代表大会
  5年に1回開催

任期
* 中央委員会の任期
  5年

地方組織

開催頻度
* 省・自治区・直轄市の代表大会、区設置市・自治州の代表大会、県（旗）・自治県・区非設置市・市管轄区の代表大会
  5年に1回開催

任期
* 省・自治区・直轄市、区設置市・自治州、県（旗）・自治県・区非設置市・市管轄区の委員会
  5年

下部組織

原則
* 正式党員3人以上の末端部門は、すべて党の下部組織を結成する

設置
* それぞれ下部委員会・総支部委員会・支部委員会を設ける

構成
* 下部委員会は党員大会あるいは代表大会の選挙により、総支部委員会と支部委員会は党員大会の選挙により構成される

任期
* 下部委員会の任期は3～5年、総支部委員会・支部委員会の任期は2～3年

3.7 中国共産党の組織制度 (2)

選挙・代表会議・採決によって管理運営を行う。

●中国共産党の管理と制度

選挙：選挙は無記名投票。候補者多数のまま正式な選挙を行っても、また予備選挙で候補者数を絞込み、候補者名簿を作成してから正式な選挙を行ってもよい。

代表会議：中央および地方の各級委員会は必要に応じて代表会議を招集し、すばやい解決を必要とする重要問題を討論し決定を下す。代表会議の代表の定員と選出方法は、代表会議を召集する委員会が決定する。

組織の結成と廃止：下級組織の結成と廃止は上級組織が決定する。必要な場合には上級組織が下級組織の責任者を異動させる、あるいは派遣することができる。

出先機関：中央と地方の各級委員会は出先機関を設けることができる。

巡視：中央と省・自治区・直轄市の委員会は巡視を行う。

宣伝：宣伝部門は中国共産党の路線・方針・政策・決議を宣伝する。

採決：重要問題を討論し決定する場合は採決を行う。対立意見が出て支持人数が拮抗している際は、緊急時には多数意見を採用すべきだが、それ以外は次回の採決まで結論を出さない。特殊なケースでは上級組織に裁決を仰ぐことができる。

報告：党員個人が組織を代表して意見を表明する際は、党内の所属組織に提出して討論するか、上級組織に確認を依頼する。いかなる党員も重要問題を個人で決定してはならず、もし緊急の情況下で自ら決定する必要があった場合は、組織に対して事後に報告しなければならない。

上下組織間の関係：各級指導機関が下級組織の重要問題を決定する際は、下級組織の意見を求める。一般に下級組織が処理すべき問題は、特殊なケース以外では上級指導機関は関与しない。全国的な重大政策に関しては、党中央のみが決定権限を持つ。各部門・各地方党組織は中央に対して意見を提出することができるが、無断で決定したり外部向けに意見を表明したりしてはならない。上級組織の決定が実情に合わないと下級組織が認めた場合には改善を願い出ることができるが、上級組織が従来方針を堅持するなら下級組織は必ず従わなければならず、異なる意見を公表してはならない。しかし直属の上部組織に再度上申する権限を有する。

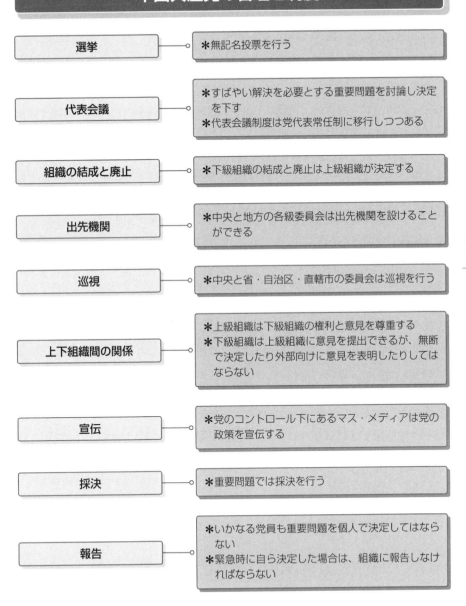

図解　現代中国の軌跡　中国政治

3.8　中国共産党の中央組織（1）

　　党の最高指導機関は全国代表大会とそこで選出される中央委員会である。

●全国代表大会

　　全国代表大会は5年ごとに、中央委員会が招集して開催される。中央委員会が必要と認めれば、あるいは3分の1以上の省級組織の要求があれば、全国代表大会は繰り上げて開催できる。非常時でなければ、開催を延期してはならない。

　　全国代表大会の代表の定員と選出方法は、中央委員会が決定する。

　　全国代表大会の職権：中央委員会の報告を聴取し審議する。中央紀律検査委員会の報告を聴取し審議する。党の重大な問題を討論し決定する。党の規程を改定する。中央委員会を選出する。中央紀律検査委員会を選出する。

●全国代表会議

　　党中央と地方の各級委員会は必要に応じて代表会議を招集できる。代表会議の代表の定員と選任方法は相応する委員会が決定する。

　　全国代表会議の職権：重大問題を討論し決定する。中央委員会、中央紀律検査委員会の一部構成員を調整あるいは増員する。ただし増員ないし調整の人数は全国代表大会の選出する中央委員と候補委員の総計の5分の1を上回ってはならない。

　　全国代表会議は中国共産党の全国指導機関ではなく、その代表の選任は選挙によらない。会議は中央委員会の指導の下で開催され、議決された決議は中央委員会の許可を経なければならない。1949年以来、党は1955年3月と1985年9月に全国代表会議を開催した。

中国共産党中央機関全体図

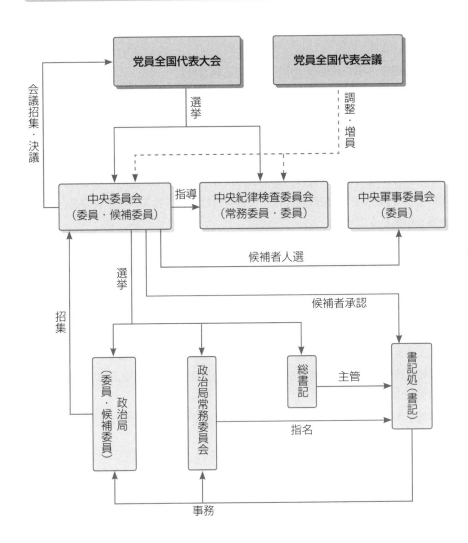

図解　現代中国の軌跡　中国政治

3.9　中国共産党の中央組織（2）

　中央委員会・中央政治局・同常務委員会・総書記・中央書記処・中央軍事委員
会は党中央の重要指導機関である。

●中央委員会・中央政治局・中央政治局常務委員会

　中央委員会：全国代表大会閉会期間における最高指導機関で、全国代表大会の
決議を実行し、党のすべての業務を指導する。

　中央政治局・中央政治局常務委員会：中央委員会全体会議で選挙によって選出
され、中央委員会全体会議閉会期間に中央委員会の職権を行使する。具体的には
中央委員会が設立した職能部門の業務を指導する。中央政治局常務委員会は政治
局に業務を報告し、中央政治局は中央委員会に業務を報告し、中央委員会の全体
会議を招集し主管する。

●中央委員会総書記

　中央委員会の総書記：中央政治局と中央政治局常務委員会の会議招集に責任を
負い、中央書記処の業務を主管する。総書記は中央政治局常務委員でなければな
らず、中央委員会全体会議で選挙によって選出される。

●中央書記処書記

　中央書記処：中央政治局と中央政治局常務委員会の事務機構で、構成員は中央
政治局常務委員会が候補者を指名し、中央委員会全体会議が承認する。

●中央軍事委員会

　中央軍事委員会：党の最高軍事指導機関で、その構成員は中央委員会が決定す
る。中央軍事委員会は主席1人を設ける。

34

中国共産党全国代表大会の開催回別概況

	開催時期	開催地	党員数（人）	正式代表数（人）	最高職位
一大	1921.7.23 ～（不詳）	上海、嘉興	50 余り	13	書記
二大	1922.7.16 ～ 23	上海	195	12	委員長
三大	1923.6.12 ～ 20	広州	420	30	委員長
四大	1925.1.11 ～ 22	上海	994	20	総書記
五大	1927.4.27 ～ 5.9	武漢	57967	80	総書記
六大	1928.6.18 ～ 7.11	モスクワ	40000	142	主席
七大	1945.4.23 ～ 6.11	延安	121 万	547	主席
八大	1956.9.15 ～ 27	北京	1073 万	1026	主席
九大	1969.4.1 ～ 24	北京	2200 万	1512	主席
十大	1973.8.24 ～ 28	北京	2800 万	1249	主席
十一大	1977.8.12 ～ 18	北京	3500 万余り	1510	主席
十二大	1982.9.1 ～ 11	北京	3965.7 万	1545	主席
十三大	1987.10.25 ～ 11.1	北京	4600 万余り	1936（61）	総書記
十四大	1992.10.12 ～ 18	北京	5100 万余り	1989（46）	総書記
十五大	1997.9.12 ～ 18	北京	5900 万余り	2048（60）	総書記
十六大	2002.11.8 ～ 14	北京	6600 万余り	2114（40）	総書記
十七大	2007.10.15 ～ 21	北京	7336.3 万	2213（57）	総書記
十八大	2012.11.8 ～ 14	北京	8260.2 万	2270（57）	総書記

注：正式代表数の（　）内の数は特別招請の代表数を表す。

図解　現代中国の軌跡　中国政治

3.10　中国共産党の地方組織（1）

　　中国共産党の地方各級の指導機関は、党の地方各級代表大会とそこで選出された委員会である。党各級の委員会は同ランクの代表大会に業務報告を行う。

●**地方各級代表大会**

　　地方の各級代表大会は地方における党の各級指導機関で、選挙で選出された代表によって構成される。大会は5年に1回開催され、同ランクの委員会が招集する。省・直轄市・自治区の代表大会代表は一般に400～800名、区設置市は300～500名、県・区非設置市は200～400名である。

　　代表候補者選挙は定員を20％以上超過する候補者を立てる。代表の正式候補者は選挙部門ごとに選挙され、投票権を有する選挙人の半数以上の賛成票を獲得すると当選となる。

　　地方の各級代表大会の職権：同ランクの党委員会、紀律検査委員会の報告を聴取し審議して、当該地区内の重大問題について討論し決議する。

●**地方各級委員会**

　　省・自治区・直轄市・区設置市、自治州の委員会は任期を5年とする。委員と候補委員は党歴5年以上を必要とする。県（旗）・自治県・区非設置市・市管轄区の委員会は任期を5年とする。委員と候補委員は党歴3年を必要とする。

　　地方の各級委員会の委員と候補委員の定員は、それぞれ直属の上級委員会が決定し、欠員が出たら得票数の多い候補委員から順に繰り上げる。

　　地方の各級委員会は代表大会閉会期間に当該地区の業務を管理し、定期的に上級委員会に報告を行う。地方各級委員会の全体会議は毎年少なくとも2度開催され、常務委員会・書記・副書記の選挙を行う。地方各級委員会の常務委員会は、委員会全体会議の閉会期間中に委員会の職権を行使する。

　　地区委員会と地区委員会に相当する組織とは、省・自治区委員会が複数の県・自治県・市に派遣した出先機関のことで、当該地区の業務を指導する。

地方各級中国共産党代表大会に出席する代表の人数

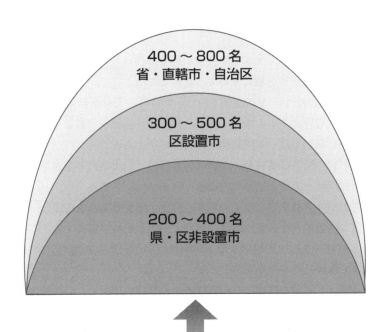

図解　現代中国の軌跡　中国政治

3.11　中国共産党の地方組織（2）

　すべての組織・機関・部門は、中国共産党の正式党員を3人以上擁する場合は、党組織を設立しなければならない。

●末端組織

　中国共産党の党規約は、すべての社会組織や部門は、正式党員を3人以上擁する場合は、党の末端組織を設立するよう規定している。

　末端組織の基本的任務：党の政策を宣伝・実行し、人材を発見・育成・推薦し、入党候補者を教育育成する。また、幹部らが紀律・法律を守るよう監督する。

　異なる職域においては、末端組織の職責も区別される。

　街道・郷・鎮の党下部委員会、および村・社区：当該地区の業務を指導し、行政組織・経済団体・大衆自治組織の職権行使をサポートする。

　国有企業と集体所有企業：企業の生産と経営に関する業務を行う。

　私営企業：労働組合・共産主義青年団などの民衆組織を指導する。

　党委員会が指導する国家機関：重大問題について討論し結論を出すと同時に、行政指導者の職権行使を保証する。

　各級党機関と各級国家機関：行政責任者の任務達成に協力し、行政責任者を含むすべての党員を監督する。業務の指導は行わない。

　企業・農村・機関・学校・科学研究機構・街道社区・社会組織・人民解放軍連隊〔日本の中隊に相当〕、およびその他の末端組織では、業務上の必要と党員数によって、それぞれ上級組織の承認を経て党末端の委員会・総支部委員会・支部委員会を設立できる。

●党組

　中央国家機関・地方国家機関・人民団体・経済団体・文化団体・その他非共産党組織の指導機関には、党組を設立することができる。党組の任務は主に以下のとおりである。党の路線・方針・政策の完遂に責任を負う。当該部門の重大問題を討論し結論を出す。幹部をきちんと管理する。党外の幹部と大衆を団結させ、党と国家からの任務を達成する。機関と直属部門の党組織とその業務を指導する。

　党組は党員を直接受け入れることはなく、受け入れを承認することもなく、上級の党大会に出席する代表を選出する選挙部門となることができない。

中国共産党の末端組織と任務

共産党末端組織

正式党員

すべての社会組織や部門は、正式党員3人以上を擁する場合は、党の末端組織を設立しなければならない

基本任務

共産党の政策の宣伝と実行

人材の発見・育成・推薦

自発的に入党を希望する入党候補者を教育育成

組織の構成員が法律・紀律を守るよう監督

第3章　中国共産党

図解　現代中国の軌跡　中国政治

3.12　中国共産党員（1）

党規約に合致する満 18 歳以上の中国公民は党に参加する機会を有する。

● **党員となる条件**

党規約の規定：中国の満 18 歳以上の労働者・農民・軍人・知識人・その他先進的人士〔社会発展や民族発揚に大きく貢献した人〕で、党綱領と規程に同意し、なおかつ党の何らかの組織で積極的に活動することを希望し、党の決定を実行し党費を期日どおりに納入した者は、党への参加を申請できる。

党員は、中国労働者階級の共産主義の覚悟を有した先鋒戦士であり、個人のすべてを犠牲にしても、共産主義の実現のために奮闘する。党員はいかなる私利や特権も得ようとしてはならない。

● **党員の管理：組織活動への参加、脱退と除名**

すべての党員は、職務の高低にかかわらず、必ず党の支部・小組ほか何らかの組織に加入し党の活動に参加する。党幹部はさらに必ず党委員会・党組の民主生活会（党員が意見交換・批判・自己批判の形式で行う活動）に参加する。

党員は脱退の自由を有する。党員本人の脱退要求を受け、支部大会は検討を経て除籍を宣言し上級組織に届け出る。

義務を履行せず、党員条件に合致しない党員に対しては、支部は期限を区切って改善を求める。改善が見られない場合は、党からの脱退を勧めるべきである。党員に脱退を勧める場合は、支部大会での検討と上級組織の承認を必要とする。脱退を勧奨しても党員が応じない場合は、支部はその情況を支部大会の討論に委ね、上部組織の判断を仰ぐ。

正当な理由なく、6 か月連続して党組織の活動に不参加、あるいは党費の納入や党組織の割り当て任務を怠った場合は、自主的に脱退したものとみなされ、支部大会は当該党員を除籍し上級組織に届け出ることができる。

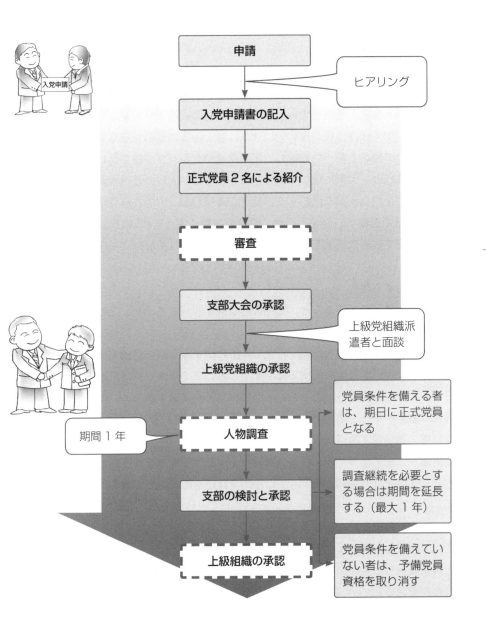

図解　現代中国の軌跡　中国政治

3.13　中国共産党員 (2)

党員は執政党の一員として、権利を享受するだけでなく、義務を履行する。

●党員が履行すべき義務

マルクス・レーニン主義、毛沢東思想、鄧小平理論、「三つの代表」思想を学び、科学的発展観を学び、党の路線・方針・政策・決議などを学ぶ。党の基本路線・各方針・政策を徹底して遂行する。党と人民の利益を何よりも優先する。党の規律を守り、国家の法律法規を模範的に守り、党と国家の機密を守り、党の決定を実行する。党の団結と統一を維持し、派閥結成やグループ活動を行わない。批判と自己批判を行う。大衆に党の主張を宣伝し、そして大衆の意見や要望を組織に伝え、大衆の正当な利益を維持する。社会主義栄辱観〔中国共産党が公式に提唱する新しい道徳規範で、仕事・行動・態度の方針を説く。「八栄八恥」とも〕を実践し、共産主義的道徳気風を奨励し、困難や危険には勇敢に立ち向かい、犠牲を恐れない。

●党員が享受する権利

党の各種会議に参加すること、党の各種文書を閲読すること、党の教育と研修を受けること。

党会議・党機関紙・党刊行物で、党の政策に関する討論に参加すること。

党の任務について意見や提案を提出すること。党の組織や党員の違法行為や規律違反を公にし告発すること。それら党員の処分を要求すること。職務に不適格な幹部の罷免や更迭を要求すること。

採決権・選挙権・被選挙権を行使すること。

党組織が党紀に基づく処分あるいは評定を決定する討論を行う際、当該党員は参加して弁明を行う権利を有する。ほかの党員がその証明や弁護を行うこともできる。

党の決議や政策と異なる意見を有する場合、党決定を実行する前提の下で、その意見の保持を表明し、上級組織さらに党中央に直接提出してよい。

上級組織さらに党中央に要請・申し立て・告発を行い、関連組織に返答を求めることができる。

42

中国共産党員の人数と構成

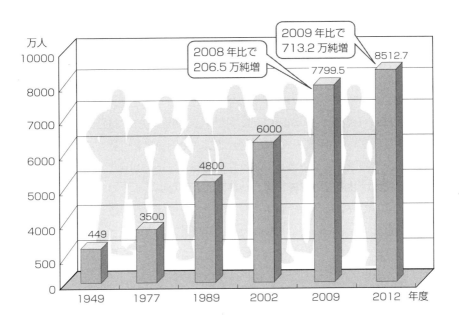

* 1921年の中国共産党結成時の党員数は、わずか50名余りであった。
* 既存党員は主に労働者・農民・知識人・軍人・公務員で構成され、党員の半数以上は中等教育あるいは高等教育を受けたことがある。
* 近年、35歳以下の若い党員・女性党員・中等教育あるいは高等教育を受けたことがある党員・少数民族党員の割合が継続的に上昇している。

図解　現代中国の軌跡　中国政治

4.1　中国の民主諸党派

　民主諸党派は中国における多党協力と政治協商制度を構成し、政治に参与し討議する権利を有する。

●中国の民主諸党派

　民主諸党派とは、1949 年の建国以前に中国で資産階級共和国の実現に尽力し、国民党と共産党の内戦過程においては共産党を明確に支持し、その指導権を承認し、国民党を否定し、そして中華人民共和国の建国後はそれぞれの社会階級や階層の利益を代表し、共産党の指導下で存在し発展してきた党、すなわち中国国民党革命委員会〔民革〕、中国民主同盟〔民盟〕、中国民主建国会〔民建〕、中国民主促進会〔民進〕、中国農工民主党〔農工党〕、中国致公党〔致公党〕、九三学社、台湾民主自治同盟〔台盟〕の８つの政党である。

●民主諸党派は共産党の指導に従わなければならない

　民主諸党派の設立と活動は必ず共産党の指導を受け入れなければならないことを、共産党は主張している。共産党の指導は以下のように表される。

　共産党は民主諸党派に対して政治的指導を行う。すなわち政治的原則・政治的方向・重大方針・政策において、民主諸党派を牽引する。

　共産党は民主諸党派が組織の発展と管理を良好に行えるよう協力する。民主諸党派は「協議で確定した範囲と対象を中心とし、大規模および中規模都市を中心とし、代表的人物を中心とする」という原則で構成員を集める。共産党は民主諸党派の事務経費および調査研究・教育研修などの費用を保障し、民主諸党派の地方機関の執務条件改善を行い、民主諸党派が構成員の利益を守るサポートを行い、民主諸党派と無党派人士の政治的利益と物質的利益に配慮する。

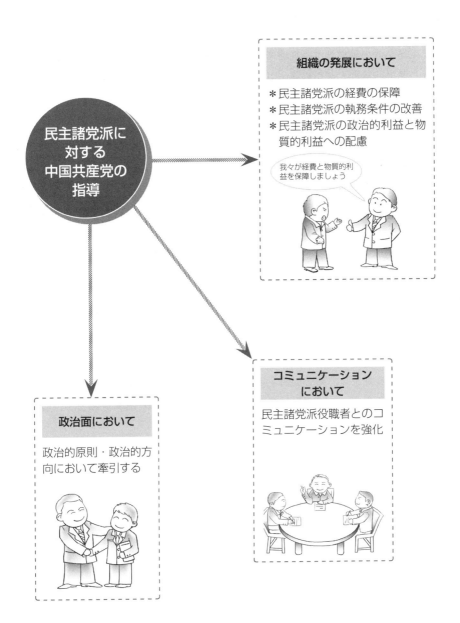

4.2 民主諸党派の参政

　民主諸党派の構成員は各種国家機関の職務を担当することができ、国政の重要方針と国家指導者人選の協議、および国の事業の管理に参与する。

●概況

　民主諸党派は政治・経済・社会・文化など各方面で政治に参与し討議に加わる。

●具体的方式

　民主諸党派の構成員と無党派人士は各級人民代表大会代表・人民代表大会常務委員会委員・全国および地方各級人民代表大会常務委員会副委員長・副主任を担当することができる。

　民主諸党派の構成員あるいは無党派人士は県以上の地方政府指導者の副長を担当することができる。国務院所属の各部および委員会の指導的幹部となることができる。

　職務条件に適合する民主諸党派構成員と無党派人士は各級の法院・検察院で指導的職務を担当することができる。

　各級の政治協商会議で、民主諸党派は各党の名義において政治協商会議大会で意見や主張を発表し活動を展開することができる。民主諸党派構成員と無党派人士は政治協商会議の各専門委員会の責任者と委員のうち、適切な割合を占めるべきである。

　政府の日常業務において、国務院と各級地方政府は民主諸党派の責任者と無党派人士の参加する座談会を開き、国民経済と社会発展の関連情報を通報する。政府の開催する全体会議は民主諸党派構成員と無党派人士に参加を呼びかけてよい。政府関連部門の重要な専門的会議と重要政策や重要計画の制定は、関連する民主諸党派の責任者に参加を呼びかけることができる。政府の参事官の任命は、民主諸党派構成員と無党派人士を中心とする。

民主諸党派の参政方法

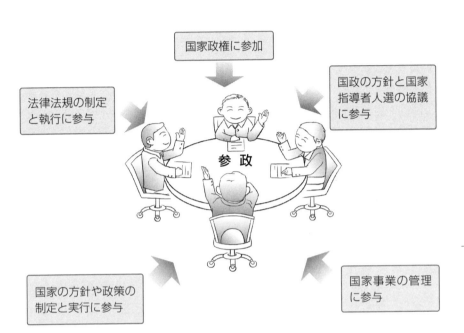

各級政治協商会議における民主諸党派構成員の割合

職務	割合
副主席	50％以上
常任委員	65％以上
委員	60％以上

＊規定により、各級政治協商会議において、民主諸党派の人数割合はすべて共産党より高く、かつ50％を上回らなければならず、これによってその政治参与と政治討議を保証する。

図解　現代中国の軌跡　中国政治

4.3　民主諸党派による監督

　　共産党に対する民主諸党派の監督は主に意見・批判・提案といった方式で行われる。

●監督の主要な内容

　　民主監督〔下からの監督。国家機関および公務員の法律違反または職務怠慢に対し人民が告発権を有すること〕は民主諸党派の基本的機能の１つである。民主諸党派は、国家の憲法と法律法規に関する共産党の実施状況、共産党と政府の重要な方針制定や政策の実施状況、法に基づく政権運営や幹部の職責履行状況、政治浄化の情況などを監督する。

●監督の方式

　　民主監督には以下のような方式がある。政治協議の中で意見を述べる。共産党の党委員会や各機関に調査研究に基づく意見を書面で出す。人民代表大会、その常務委員会、各専門委員会は、関連する問題の調査研究を組織する際、民主諸党派構成員と無党派人士に参加を呼びかけることができる。政治協商会議大会において発言・提案する、あるいは視察や調査において意見を述べるなどの形で、批判と提案を行うことができる。司法機関や政府機関の招請を受けて特約人員となるなど。

　　共産党の党委員会責任者は定期的に会議を開き、民主諸党派の責任者や無党派人士の意見を聴取する。クリーンな政治制度の確立と反腐敗運動の状況について毎年、民主諸党派に通報し、意見を聴取する。政府機関と司法機関の特約人員枠を増やし、その職責と権限を明確にする。共産党中央の重要方針・政策実行状況・クリーンな政治制度の確立状況についての検査と監督に、民主諸党派の責任者が参加するよう要請する。

48

民主諸党派による監督領域とその方法

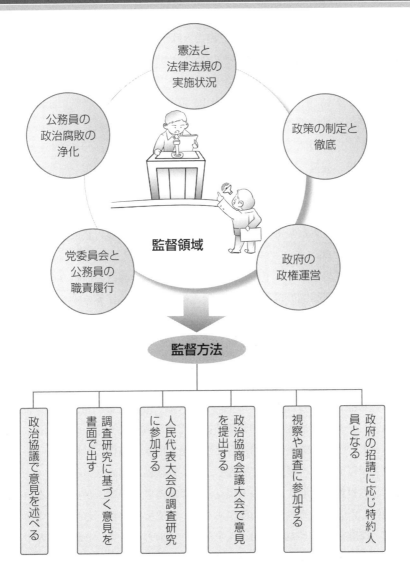

* 民主的監督は民主諸党派の重要な職能で、中国における多党協力の重要な構成要素である。その目的は、共産党のよりよい政権運営を助け、共産党党委員会と政府の方針決定・政策決定を向上させることにある。

4.4　中国国民党革命委員会（民革）

　民革は中国独自の社会主義建設と祖国統一事業に尽力する政治的連合体という性格の政党で、共産党が指導する多党協力と政治協商制度に参与する政党である。

　民革は、元中国国民党民主派とその他の愛国民主人士によって1948年1月に設立され、当初の政治的主張は「中国の独立・民主・平和の実現」であった。

　2012年12月16日に採択された「中国国民党革命委員会章程」は以下のように規定する。民革の重点任務は祖国の平和的統一の促進である。孫文の愛国思想を紐帯とし、内外の関連人士を団結させることを重視する。共産党の指導と社会主義民主制度の発揚を堅持し、政治的連合体という特色を体現し、先進性と普遍性を兼ね備えることを原則とし、孫文の「愛国、革命、絶えざる進歩」という精神を継承・発揚することを特色とし、幹部・党員の政治的素質を不断に高める。民革をさらに共産党と緊密に協力し、中国独自の社会主義の建設に尽力する参政党へと発展させる。

　現段階の民革の任務は以下のとおりである。参政・議政の仕組みを絶えず確立し整備する。各級組織の参政・議政、民主監督に積極的に参与する。党員とその関連する大衆の具体的利益と要求を代表し反映し、コミュニケーションを促進し、社会の安定を維持し、和諧社会を推進する。

　民革は中国共産党11期三中全会〔第3回党中央委員会全体会議〕以降、国家政治に参加し、知識人・内戦時に帰順した元国民党関係者・内戦時に台湾に渡った人員の家族と親族らに関する政策の整備に協力し、生涯教育・相談サービス・辺境地区と少数民族地区建設の知識支援などの活動において、また台湾・香港・マカオおよび海外の国民党愛国人士との連絡と団結の強化、平和的統一の方針と政策の宣伝において、構成員を組織して多くの活動を進めている。

　民革の党員獲得対象は、元の国民党と関係ある者、民革と歴史的あるいは社会的に関係した者、台湾各界と関係がある者、国家機関職員、および科学技術・文化教育・保健衛生などの専門知識人を含むその他の人々で、それら各界中上層の代表的人物・著名知識人を重点的に吸収している。

　2012年6月の時点で、民革は全国に30の省級委員会、267の市級委員会、52の県級委員会を持ち、党員は101865人を擁する。

中国国民党革命委員会（民革）歴代指導者

当選時期	中央委員会会期	名誉主席	中央常務委員主席	主席
1948.1	第1期	宋慶齢	李済深	
1949.11	第2期	宋慶齢	李済深	
1956.3	第3期			李済深
1958.12	第4期			李済深（1959年10月9日逝去） 何香凝
1979.10	第5期			朱蘊山（1981年4月30日逝去） 王昆侖
1983.12	第6期	屈武		王昆侖（1985年8月23日逝去） 屈武（1988年1月1日、第6期第5回中央委員会全体会議で屈武主席の辞職を受けて屈武を名誉主席として推挙する） 朱学範
1988.11	第7期	屈武		朱学範
1992.12	第8期	朱学範 侯鏡如 孫越崎		李沛瑶（李済深の子、1996年逝去） 何魯麗
1997.11	第9期			何魯麗
2002.12	第10期			何魯麗
2008.8	第11期	何魯麗		周鉄農
2012.12	第12期			万鄂湘

＊民革は元中国国民党の民主派とその他愛国民主人士によって設立され、その名誉主席や主席の多くは国民党民主諸党派だが、中には王昆侖・屈武・侯鏡如ら中国共産党の党員もいた。

4.5 中国民主同盟（民盟）

主に文化教育と科学技術に携わる中級・高級知識人からなり、中国独自の社会主義建設に尽力する政治的連合体を特徴とする参政党である。

前身は1941年3月19日に重慶で秘密裏に成立した中国民主政団同盟で、1944年9月に中国民主同盟となる。1945年10月、「独裁に反対し、民主を要求する。内戦に反対し、平和を要求する」という主張を掲げる。1948年1月、共産党との協力、国民党への反対を宣言し、民主・平和・独立・統一を目指す新中国実現のために戦った。1949年1月、共産党の指導を受け入れることを公式に宣言する。

現在の民盟の主張は以下のとおりである。憲法で規定された権利と義務の範囲内で、政治的自由、組織の独立、法的地位の平等性といった原則に基づいて任務を展開する。執政党としての共産党の地位の維持に努める。政権に参加し、国政の重要方針と国家指導者人選に関する協議、および国の事業の管理、国の方針・政策・法律・法規の制定と執行に参与する。

2012年12月に行われた民盟第11期全国代表大会が採択した「中国民主同盟章程」は、「民盟は中国独自の社会主義を旗印に、鄧小平理論・『三つの代表』重要思想・科学的発展観を指導的思想とし、解放思想を継承し、改革開放を堅持し、科学的発展と調和の取れた社会の実現を促進し、中国独自の社会主義建設の道に沿って断固前進し、小康社会の実現と、富強で民主的で文明的で調和の取れた近代的社会主義国家建設のために奮闘する」と規定した。2012年末時点で、民盟の構成員は23万人余り、うち教育関係者が56.6％、文化・芸術・メディア・出版関係者が5.8％、科学技術・医療・保健関係者が17.7％で、省級組織30、市級・県級組織410を擁する。各級人民代表大会代表と政治協商委員が1万7千人、県処級以上の政府部門の幹部が917人である。その他、特約検察員、特別招請監察員、特約会計検査員〔原語「特約審計員」〕、国土資源監察専員、教育監督・指導員〔原語「教育督導員」〕、特約監督員など、多くの構成員が専門ポストで出色の成績を上げ、全国的・国際的に評価されている。

中国民主同盟（民盟）歴代指導者（1949年以降）

当選時期	中央委員会会期	名誉主席	主席
1945.10 1949.12	第1期		張瀾（1955年2月9日逝去） 沈鈞儒
1956.2	第2期		沈鈞儒
1958.12	第3期		沈鈞儒（1963年逝去） 楊明軒
1979.10	第4期		史良
1983.12	第5期	楚図南	史良（1985年9月6日逝去） 胡愈之（1986年1月16日逝去） 楚図南（1987年1月9日名誉主席に選出） 費孝通
1988.10	第6期	楚図南	費孝通
1992.12	第7期	費孝通　銭偉長 談家楨　楚図南	費孝通（1996年11月主席職を辞す） 丁石孫
1997.10.23	第8期	費孝通　銭偉長 談家楨　蘇歩青	丁石孫
2002.12	第9期	費孝通　銭偉長 談家楨　蘇歩青 丁石孫	蒋樹声
2007.12	第10期	丁石孫	蒋樹声
2012.12	第11期		張宝文

図解　現代中国の軌跡　中国政治

4.6　中国民主建国会（民建）

　主に経済界関係者で構成され、中国独自の社会主義建設に尽力する、政治的連合体を特徴とする参政党である。

　1945年12月16日に重慶で設立され、構成員は民族商工業者および彼らとつながりのある知識人で、発起人は黄炎培・胡厥文・章乃器・施復亮・孫起孟ら。

　2012年12月19日に採択した「中国民主建国会章程」では、共産党の指導を自覚的に受け入れ守り、共産党と緊密に協力し、理論的に覚醒し、政治的に揺るぎない、組織が確固とし、制度が整い、活力に満ちた、中国独自の社会主義事業に尽力する政党を築き上げる、とうたっている。

　現在の政治綱領は、「中国独自の社会主義を旗印に、その道と理論体系と制度を堅持し、社会主義初級段階の基本路線を尊重し、参政・議政・民主監督の役割を積極的に果たし、社会の生産力向上に寄与し、社会主義的経済・政治・文化・社会・環境保護社会建設を促進し、中国を富強で民主的で文明的で調和の取れた近代的社会主義国家として建設するために奮闘する」である。

　改革開放以来、民建は社会主義市場経済の発展、非公有制経済の健全な発展、社会主義新農村建設の推進、および地域間協調発展立案、智力扶貧〔教育と科学技術導入によって貧困地区の経済発展を支える活動〕、職業教育、公共公益活動など様々な活動を行ってきた。中華思源プロジェクト貧困扶助基金会を設立したほか、毎年関連部門とベンチャーキャピタル・フォーラムや非公有制経済発展フォーラムを共同開催している。

　また、香港とマカオの各界、特に商工業・教育などの専門家、両岸関係の発展を主張する台湾各界の関係者や、海外の政党・団体などと交流し、政府の資金獲得・技術導入・人材確保をサポートしている。

　民建は30の省・自治区・直轄市・大都市・中規模都市に組織を設置し、14万人余りの構成員を有する。多くは経済界ほかの代表的人物である。各級人民代表大会代表3338人、各級政治協商委員16637人、区級県級以上各級政府機関および司法機関の幹部3709人、各級特別招請監察員・特約監察員・検察員4152人を擁する。

54

中国民主建国会（民建）歴代指導者（1949年以降）

当選時期	中央委員会会期	主任委員	主任委員代理	名誉主席	主席
1955.4	第1期	黄炎培			
1960.2	第2期	黄炎培（1965年逝去）	李燭塵		
1979.10	第3期	胡厥文			
1983.11	第4期			胡厥文	胡厥文（1987年12月主席職を辞す）孫起孟
1988.6	第5期			胡厥文	孫起孟
1992.11	第6期			孫起孟	孫起孟（1996年12月主席職を辞す）成思危
1997.11	第7期			孫起孟	成思危
2002.12	第8期			孫起孟	成思危
2007.12	第9期				陳昌智
2012.12	第10期				陳昌智

4.7 中国民主促進会（民進）

　教育・文化・出版・科学などに従事する知識人を構成員とし、政治的連合体を特徴とする参政党である。

　民進は 1945 年 12 月に設立され、国民党の一党独裁を終わらせ、政治を民衆の手に取り戻し、内戦を終わらせ、人民の自由権利を保障することを主張した。中華人民共和国成立後は、共産党の指導を受け入れ、社会主義のために活動する路線を決めた。2012 年 12 月 19 日に採択した「中国民主促進会章程」では次のように宣言している。「政治綱領と基本任務の実現のため、共産党の指導を堅持し社会主義民主の原則を発揚し、共産党と緊密に協力し中国独自の社会主義に尽力し時代の発展に即応できる質の高い参政党を目指す」。

　現在の基本的任務は次のように規定している。積極的に社会主義経済の建設に関わる。愛国統一戦線を強化し発展させる。社会主義文化建設に尽力する。社会主義社会建設に尽力し、民生の改善と成果の共益化を促進し、公正な社会を維持する。社会全体が教育を優先的に発展させるよう推進し、教育改革を促進し、社会体制改革と社会管理の整備を促進する。環境保護社会の建設に尽力する。1 つの中国の原則を堅持し国家分裂に反対する。積極的に海外交流や友好イベントに参加する。会員や関係する知識人の合法的権益を守り、彼らの意見と合理的要求を取り入れる。

　改革開放以来、教育・文化・出版の分野に引き続き注力すると同時に、科学技術・経済・資源節約・環境保護・西部大開発・三農問題〔農村・農業・農民に関する問題〕、および貧困地区と辺境地区の経済的社会的発展、砂漠化の制御などの課題について、調査研究と提言・提案を行ってきた。また科学技術モデル事業・教育・資金導入プロジェクト誘致・人材育成などを展開して「西進」〔開発の遅れていた西部地域への進出〕活動を行ってきた。

　2012 年 12 月 31 日現在、29 の省・自治区・直轄市に地方組織を置き、市県級組織 335、末端組織 6816、会員 13.3 万人余りを擁する。会員の平均年齢は 50.5 歳である。各級人民代表大会代表 2066 人、各級政治協商委員 11600 人、うち全国人民代表大会代表は 62 人、全国政治協商委員は 80 人。政府または司法機関における処級以上の組織で 920 人が幹部を務めている。

中国民主促進会（民進）歴代指導者

当選時期	会期	理事、副理事	主席	名誉主席
1946.1	第 1 期理事会	馬叙倫ら		
1947.2	第 2 期理事会	馬叙倫ら		
1950.4	第 3 期中央理事会		馬叙倫	
1956.8	第 4 期中央委員会		馬叙倫	
1958.11	第 5 期中央委員会		馬叙倫（1970 年 5 月逝去）周建人	
1979.10	第 6 期中央委員会		周建人	
1983.11	第 7 期中央委員会		周建人（1984 年 7 月逝去）葉聖陶（1987 年名誉主席に推挙される）雷潔瓊	葉聖陶
1988.11	第 8 期中央委員会		雷潔瓊	謝冰心
1992.12	第 9 期中央委員会		雷潔瓊	謝冰心 趙朴初
1997.11	第 10 期中央委員会		許嘉璐	雷潔瓊 謝冰心 趙朴初
2002.12	第 11 期中央委員会		許嘉璐	雷潔瓊
2007.12	第 12 期中央委員会		厳儁琪	
2012.12	第 13 期中央委員会		厳儁琪	

＊教育・文化・出版・科学などに従事する知識人を構成員とする政党であり、主な創始者の多くは抗日戦争期に上海に居留していた文化教育界の進歩的知識人だった。主席と名誉主席も馬叙倫・周建人・謝冰心など近現代中国の著名な文化人である。

4.8 中国農工民主党 (農工党)

農工党は医学・薬学・保健衛生・人口問題・資源問題・環境保護などを専門とする知識人を中心に、労働者・社会主義事業関係者・社会主義的愛国者が構成する政治的連合体で、共産党の指導を受け入れ協力する友党である。

前身は、1930年に上海で設立された中国国民党臨時行動委員会で、帝国主義、封建主義、蒋介石が主導する国民党に反対し、かつ共産主義にも賛同せず、国民党と共産党以外の勢力として革命を牽引しようとする「第三党」であった。1935年、中華民族解放行動委員会となり、1947年に農工民主党となる。中華人民共和国建国の後は、共産党の指導を受け入れている。

2012年12月9日に採択した「中国農工民主党章程」では、共産党と緊密に協力し、中国独自の社会主義事業に尽力する参政党となることを目標に、共産党の指導体制と社会主義民主の発揚を堅持し、政治的連合体という特質を堅持し、先進性と普遍性の同時実現を堅持することを原則とし、思想・目標・行動のいずれにおいても共産党と歩調を合わせ、社会主義的な調和の取れた政党関係を強化発展させていく、と規定している。

農工党の主たる任務は以下のとおりである。愛国主義と社会主義の旗印を掲げ、中国独自の社会主義政治路線を堅持し、愛国統一戦線を強化する。4つの基本原則を堅持し、法治国家という基本方針を貫き、社会主義民主を発展させ、社会主義法治国家を建設し、社会主義的な政治的気風を確立することに努める。先進的生産力を発展させ、社会主義市場経済体制を整え、革新型国家〔第11次五か年計画で打ち出された方針。中国独自の技術力で競争力をつけることを目指している〕を建設し、持続的で健全な経済発展を促進するために貢献する。愛国主義・集団主義・社会主義教育を展開する。社会保障体系の確立や医薬・保健衛生体制改革を推進する。環境保護型社会を建設する。「一国二制度」を遵守し、香港・マカオ・台湾の同胞および海外の華人と交流し協力を進める。世界各国の人民および関連団体と相互交流する。党員の合法的権益を守り、党員とその関係者の意見や要望を取り入れ、積極性や創造性の発揮を促す。

現在、30の省・自治区・直轄市に組織を設立し、党員数は12.56万人である。

中国農工民主党（農工党）歴代指導者（1949年以降）

当選時期	会期	主席	代理主席	主席団主席	名誉主席
1949.11	第5期中央執行委員会	章伯鈞			
1951.12	第6期中央委員会	章伯鈞	季方		
1958.4	第7期中央委員会			季方	
1979.10	第8期中央委員会	季方			
1983.12	第9期中央委員会	季方（1987年1月名誉主席に転任）周谷城			季方
1988.11	第10期中央委員会	盧嘉錫			周谷城
1992.12	第11期中央委員会	盧嘉錫			周谷城
1997.10	第12期中央委員会	蒋正華			盧嘉錫
2002.12	第13期中央委員会	蒋正華			
2007.12	第14期中央委員会	桑国衛			
2012.12	第15期中央委員会	陳竺			

＊設立当初、農工党は国民党と共産党以外の勢力として革命を牽引しようとする「第三党」であった。1949年以降は、入党者は主として医薬・保健衛生・科学技術・教育などの専門家である。そのため1949年以降の主席は、革命戦争に参加した2名を除き、周谷城以降すべて医薬・科学技術などの著名知識人である。

4.9 中国致公党（致公党）

致公党は社会主義を奉ずる労働者・事業者・愛国者によって組織された政治的連合体である。共産党の指導を受け協力する友党であり、先進性と普遍性を兼ね備え、中国独自の社会主義の実現に尽力する参政党である。帰国華僑や在外華僑留守家族の中・上層人物、その他海外に関係する代表的人物が構成している。

アメリカ華僑の社会団体であった美洲致公堂を母体とし、1925年10月にサンフランシスコで設立された。初代総理は陳炯明、副総理は唐継堯。1947年5月、香港で開催した第3回代表大会で、共産党の指導を受けることを宣言している。

致公党は、帰国華僑・在外華僑留守家族の合法的権益と海外在住華僑の正当な権益を守るため、その意見や要求を政府に届けている。海外の華僑、華人、香港・マカオの同胞と交流活動を行い、平和的統一を促進している。また経済・科学技術・教育・文化の各分野で交流や招致、および友好活動や学術交流を行っている。

改革開放以降は海外からの資金・寄付受入れを進め、国内の公益事業を支援し、在外華僑・華人・友好機関らが中国で行う投資や公益事業に協力してきた。

現在は40余りの国と地域で、洪門会〔漢民族の復興を目指して明末清初に発生し、致公党の源流となった民間組織〕ほかの社会団体などと連絡を保っている。

致公党は今後も在外華僑・華人とのつながりを強化し、在外華僑が現地社会の主流に溶け込み、居住国と中国の経済的・文化的な交流や協力を促進し、中国の近代化の一助となることを奨励する。また海外留学者や留学帰国者との関係を強化し、彼らが帰国するか何らかの形で国家のために働くことを促す。在外華僑団体などと連絡を保ち、華人の大同団結を促進する。

致公党は北京・上海・天津・重慶・広東・広西・福建・雲南・四川・江蘇・浙江・遼寧・湖南・安徽・山東・海南・貴州・湖北・西安などに省級組織・中央直属市級組織を有するほか、一部の省や市区に末端組織を有する。

2012年6月現在、党員は総数38794人、科学技術・教育・経済・文化・環境保護・司法といった分野に集中している。うち帰国華僑や在外華僑留守家族、および留学帰国者が78.8％、中級職称・高級職称所有者が78.5％である。平均年齢は50.0歳、各級人民代表大会代表814人、各級政治協商会議委員3787人を擁する。

中国致公党歴代指導者（1949年以降）

当選時期	中央委員会会期	名誉主席	主席
1950.4	第4期		陳其尤
1952.11	第5期		陳其尤
1956.4	第6期		陳其尤
1979.10	第7期		黄鼎臣
1983.12	第8期		黄鼎臣（1984年4月辞職）黄寅初（代理）
1988.12	第9期	黄鼎臣	黄寅初
1992.12	第10期	黄鼎臣（逝去）	黄寅初
1997.11	第11期	黄寅初	羅豪才
2002.12	第12期	黄寅初	羅豪才
2007.12	第13期		万鋼
2012.12	第14期		万鋼

4.10 九三学社

　九三学社は科学技術分野の高級・中級知識人を中心とし、政治的連合体を特徴とする政党で、共産党の指導を受け共産党と力を合わせ協力する友党であり、先進性と普遍性を兼ね備え中国独自の社会主義事業の実現に尽力する参政党である。

　九三学社の前身となったのは「民主科学座談会」である。抗日戦争ならびに世界反ファシズム戦争勝利記念日（9月3日）にちなんで、許徳珩らが1946年5月4日に正式に設立した。

　現在の九三学社が基本任務としているのは、社会主義初級段階の基本路線を堅持し、愛国主義と社会主義を旗印とし、党員や関係知識人を団結させ、改革開放を堅持し、科学的発展を進め、社会の調和を促進し、「新世紀新段階に全面的に小康社会を建設し、社会主義近代化を加速させ、中国独自の社会主義の新局面を創造する」という目標を実現するため、新世紀の三大任務、すなわち近代化を維持し、祖国統一を実現し、世界平和を維持し共通の発展を促進することを実現するための貢献である。

　九三学社は近年SARSの予防と治療、三江源地区（中国西部に位置する、長江・黄河・瀾滄江の水源地）の環境保護強化、国有企業を退職した科学技術者の待遇問題解決、大学卒業者の社会基層での就職の奨励、中国の医療保健衛生事業の改良、企業の自主開発能力アップ、国家の知的財産権戦略の実行、知識経済とハイテク産業の発展、食糧安全問題、伝統文化、環境強国などについて提案を重ね、関連政策の制定に根拠を与えてきた。地方支援では、一方的な貧困支援から地方の経済・社会の発展に全面的に貢献する方針に転換した。また様々なチャネルを通じて海外と重層的なつながりを構築している。

　2012年末現在、九三学社は省級組織30、市級組織289、県級市組織27、末端組織5236を有し、全国の党員総数は13.2万人に及ぶ。党員のうち各級人民代表大会代表が1938人、各級政治協商会議委員が10029人、県処級以上政府機関・司法機関の幹部が1042人である。また、中国科学院の院士（学部委員）および中国工程院の院士170人余り［中国科学院、中国工程院：国務院直属の最高研究機関。院士は科学分野で最高位の称号］を擁する。

九三学社歴代指導者

当選時期	会期	主席	名誉主席	理事
1946.5	九三学社設立大会			王卓然 許徳珩
1950.3	九三学社第1期中央理事会	許徳珩		
1950.12	第2期中央理事会	許徳珩		
1952.9	第3期中央委員会	許徳珩		
1956.2	第4期中央委員会	許徳珩		
1958.12	第5期中央委員会	許徳珩		
1979.10	第6期中央委員会	許徳珩		
1983.12	第7期中央委員会	許徳珩（1986年12月主席職を辞す） 周培源		
1988.12	第8期中央委員会	周培源	許徳珩 厳済慈 茅以昇 金善宝	
1992.12	第9期中央委員会	呉階平	周培源 厳済慈 金善宝	
1997.11	第10期中央委員会	呉階平	王淦昌	
2002.12	第11期中央委員会	韓啓徳	呉階平	
2007.12	第12期中央委員会	韓啓徳		
2012.10	第13期中央委員会	韓啓徳		

＊九三学社は、科学技術分野の高級・中級知識人を中心とした、政治的連合体を特徴とする政党で、主席・名誉主席の多くは著名な科学者である。

図解　現代中国の軌跡　中国政治

4.11　台湾民主自治同盟（台盟）

　中国大陸に暮らす台湾籍人士によって構成される、社会主義を奉ずる労働者・事業者・愛国者による政治的連合体である。共産党の指導を受け協力する友党であり、先進性と普遍性を兼ね備え、中国独自の社会主義の実現に尽力する参政党である。

　1947年、台湾で二・二八事件〔1947年2月28日に台北市で発生し、後に全土に広がった、中国国民党政権による白色テロ〕が起こった後、一部の台湾籍愛国民主活動家らが香港で台盟を結成する。1949年、台盟の代表は中国人民政治協商会議第1期全体会議に参加し、中華人民共和国建国に参与した。

　2012年12月13日に採択された「台湾民主自治同盟章程」では以下のように宣言している。「台盟は中国独自の社会主義を旗印に、中国独自の社会主義理論体系を堅持し、マルクス・レーニン主義、毛沢東思想、鄧小平理論、『三つの代表』重要思想、および科学的発展観を指導的思想と仰ぎ、中国独自の社会主義の道を断固として進む。共産党による指導体制を堅持し、社会主義初級段階の基本路線を堅持し、共産党とは思想・目標・行動のいずれにおいても心を一にする。中国独自の社会主義政治体制の発展を堅持し、調和の取れた政党関係を強化する。国家の政権に参加し、国政の重要方針決定と国家指導者人選の協議、および国の事業の管理に参与し、国家の方針・政策・法律・法規の制定および執行に参与し、政治参与と政治討議および民主監督の職責を果たす。党員とその関係する台湾同胞の合法的権益を守る。

　「章程」にはまた以下の規定がある。中国大陸に居住する台湾籍人士で本章程を遵守することを希望する者は、台盟への加入を申請できる。党員は共産党による指導体制を支持し、中国独自の社会主義を堅持し、富強で民主的で文明的で調和の取れた近代的社会主義国家建設および祖国完全統一実現のために奮闘する。

　台盟は目下、18の省と直轄市に組織を設立し、2700人余りの党員を擁する。

台湾民主自治同盟（台盟）歴代指導者

当選時期	会期	主席	名誉主席
1947 ～ 1979	台盟第 1 期総部理事会	謝雪紅（1949 ～ 1958）	
1979 ～ 1983	台盟第 2 期総部理事会	蔡嘯	
1983 ～ 1987	台盟第 3 期総部理事会	蘇子蘅	
1987 ～ 1992	台盟第 4 期中央委員会	林盛中（1987 ～ 1988） 蔡子民（1988 ～ 1992）	蘇子蘅
1992 ～ 1997	台盟第 5 期中央委員会	蔡子民	蘇子蘅
1997 ～ 2002	台盟第 6 期中央委員会	張克輝	蔡子民
2002 ～ 2007	台盟第 7 期中央委員会	張克輝（2005 年 12 月中央主席職を辞す） 林文漪	蔡子民 張克輝
2007 ～ 2012	台盟第 8 期中央委員会	林文漪	
2012 ～	台盟第 9 期中央委員会	林文漪	

第3編
国家制度

● 第5章　人民代表大会制度

● 第6章　国家主席

● 第7章　国務院

図解　現代中国の軌跡　中国政治

5.1　人民代表大会の性質と地位

人民代表大会制度は「三権分立」「二院制」とは根本的に異なる制度である。

● **人民代表大会制度は中国政治制度の根幹**

人民代表大会制度とは中国の根本的政治制度であり、人民を国家の主人公とするための最適な実現方法であり、中国独自の社会主義制度の中心的特徴である。

根本的政治制度とは、人民代表大会が中国の国家政権の組織形態であり、その他の一切の国家機関の権力と合法性は人民代表大会から発していることをいう。

人民代表大会制度は、人民代表大会が統一的に国家権力を行使することを堅持し、「三権分立」〔立法権・行政権・司法権が互いに独立し、抑制的に均衡を保つ方式〕と「二院制」〔1つの国会が2つの独立する議会で構成される〕を採らず、西側の政治制度と根本的に異なる。

また、選挙制度は人民代表大会制度の基礎であり、民主集中制はその組織の原則である。

● **人民代表大会は共産党の指導を受けなければならない**

人民代表大会は必ず中国共産党の指導を堅持し、政権交代は行わない。

党による人民代表大会への指導は以下のように行われる。憲法・法律の制定と修正を指導する。人民代表大会常務委員会の内部に党組織を設立し、日常的な指導を実現する。人民代表大会の主要な指導者は同ランクの党委員会の主要な指導者が兼任する。国民経済と社会の発展計画、予算案・決算案、人事任免、回答要求質問、罷免など重大な事項については、まず同ランクの党委員会の同意を得るか党委員会から議案を提出しなければならず、これによって人民代表大会あるいは人民代表大会常務委員会の議事に組み入れることができる。

● **人民代表大会はその他の国家機関の設置と監督を行う**

人民代表大会は、共産党による指導という前提の下で、国家元首機関・国家行政機関・司法機関・軍事統率機関を設置し監督する機関である。人民代表大会はこれらの機関の設置・監督・幹部の罷免を行う権力を有する。これらの国家機関は相互の権力均衡関係や制約関係を持たない。

68

人民代表大会とその他国家機関との関係

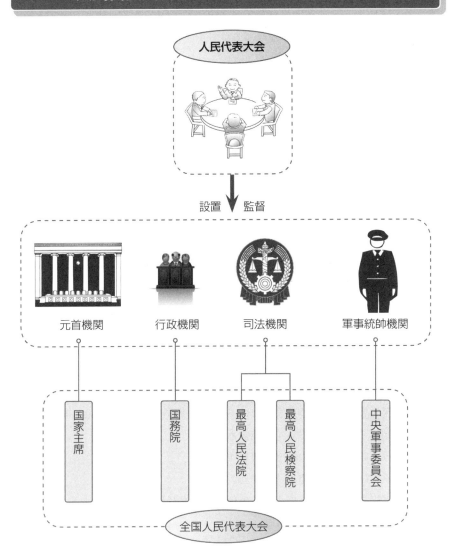

* 人民代表大会の制度は三権分立と二院制を採らず、それぞれの国家機関は相互の権力均衡関係や制約関係を持たない。

5.2 全国人民代表大会の職権

全国人民代表大会は立法・監督・人事任免・重大事項の決定権を有する。

● **法律について**

憲法を改正する。

憲法の実施を監督する。

刑事・民事・国家機構、その他の基本的法律を制定し修正する。

● **選挙と任免権について**

国家主席・副主席を選挙する。

国家主席の指名により、国務院総理の候補者を決定する。国務院総理の指名により、国務院副総理・国務委員・各部の部長・各委員会の主任・監査長・秘書長の候補者を決定する。

中央軍事委員会主席を選挙する。中央軍事委員会主席の指名により、中央軍事委員会のほかの構成員の候補者を決定する。

最高人民法院の院長を選挙する。

最高人民検察院の検察長を選挙する。

● **国民経済と社会発展などについて**

国民経済と社会発展計画および計画実施状況の報告を審査して承認する。

国家予算と予算執行状況の報告を審査して承認する。

全国人民代表大会常務委員会による不適切な決定を改変あるいは取り消す。

省・自治区・直轄市の設立を承認する。

特別行政区の設立とその制度を決定する。

戦争と平和に関する問題を決定する。

最高国家権力機関が行使すべきその他の職権を行使する。

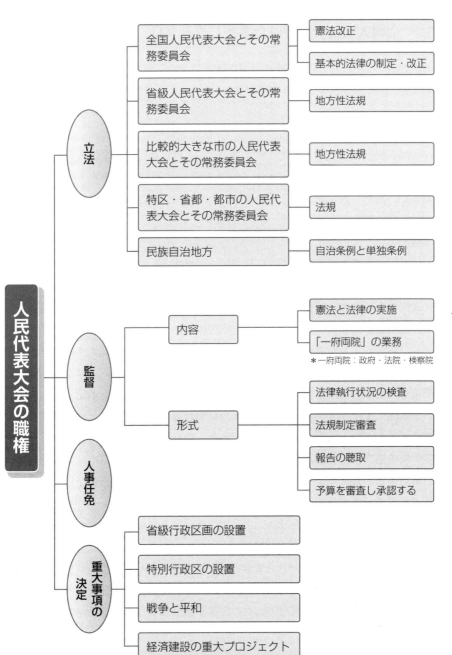

図解　現代中国の軌跡　中国政治

5.3　全国人民代表大会の会議としくみ（1）

　1985 年以降、全国人民代表大会は毎年第 1 四半期に会議を開催している。全国人民代表大会常務委員会が招集する。

●全国人民代表大会の招集

　全国人民代表大会は毎年第 1 四半期（1 ～ 3 月）に行う。全国人民代表大会常務委員会は必要に応じ、あるいは全国人民代表大会代表 5 分の 1 以上の提議によって、臨時会議を開くことができる。会議は全国人民代表大会常委員会が招集する。

●機関

　代表団：代表は選挙部門ごとに代表団を構成する。省・自治区・直轄市・特別行政区・軍隊も全国人民代表大会代表の選挙部門であり、35 の代表団を構成する。代表団の全体会議は団長・副団長を選出し、団長は代表団全体会議を招集し主宰し、副団長は団長の仕事に協力する。代表団はいくつかの代表小グループをそれぞれ設置することができ、小グループ会議は小グループの召集人を推挙できる。

　準備会議：全国人民代表大会開催以前に、準備会議を開き、主席団と秘書長を選挙し、会議の進行と会議のその他の準備事項に関する決定を承認する。

　主席団：主席団は大会を主宰し、大会における発言を取りまとめ、会議を非公開にするか否か、大会の副秘書長の候補者、会議の日程、議案の採決の方法、代表による議案提出の締め切り日などを決定する。主席団の決定は、主席団全構成員の過半数の賛成により決定する。主席団の第 1 回会議は委員長が招集し、主席団常務主席および執行主席を推挙する。

　秘書処：大会は秘書処を設け、主席団の交付する事項の処理や会議の日常事務を行う。

　参加者：国務院構成員・中央軍事委員会構成員・最高人民法院院長・最高人民検察院検察長は、全国人民代表大会に参加する。その他の関係機関や団体の責任者も、全国人民代表大会常務委員会の決定があれば参加することができる。

歴代全国人民代表大会の任期・会期・会議回数

会期	憲法で規定された任期(年)	実際の任期(年)	会議期間	会議回数(回)	会議日数(日)	平均会期(日)
第1期	4年	4年7か月		5	87	17.4
第1回			1954.9.15〜28			
第2回			1955.7.5〜30			
第3回			1956.6.15〜30			
第4回			1957.6.26〜7.15			
第5回			1958.2.1〜11			
第2期	4年	5年8か月		4	60	15
第1回			1959.4.18〜28			
第2回			1960.3.30〜4.10			
第3回			1962.3.27〜4.16			
第4回			1963.11.17〜12.3			
第3期	4年	10年(1964〜1975)		1	15	15
第1回			1964.12.21〜1965.1.4			
第4期	5年	3年1か月(1975〜1978)		1	5	5
第1回			1975.1.13〜17			

(次節に続く)

図解　現代中国の軌跡　中国政治

5.4　全国人民代表大会の会議としくみ（2）

議事規則には代表の出席と発言、議案の提出と審議などが規定されている。

●代表の出席と発言

大会は代表の3分の2以上の出席により開催できる。

代表は会議に出席しなければならない。疾病その他の特殊な事情により欠席する場合は、届け出なければならない。

各種会議における代表の発言は要旨をまとめ会議で配布し、また、本人の要求に基づき発言記録または発言要旨を会議で配布することができる。

●議案の提出と審議

主席団・常務委員会・専門委員会・国務院・中央軍事委員会・最高人民法院・最高人民検察院は議案を提出することができ、主席団の決定により議事日程に組み込まれる。

1つの代表団あるいは代表30名以上の連名で大会に議案を提出することができる。議事日程に組み込むか否かは主席団が決定するか、先に関係する専門委員会が審議し提出した意見を受けて主席団が決定する。代表の連名あるいは代表団が提出する議案は、全国人民代表大会の開催前に提出することができる。

議事日程に組み込まれた議案は代表団が審議し、主席団は専門委員会にも審議および報告を求めることができ、主席団は全体会議での採決を申請する。議事日程に組み込まれた法律案は、各代表団が審議し、また法律委員会と関連する専門委員会が審議を行う。

常務委員会は会議で審議される予定の重要基本法案草案を公表し、意見を求め、それをまとめて会議で配布することができる。

専門委員会は議案および関連報告を審議し、代表や専門家に会議に列席し意見を述べるよう求めることができる。専門委員会は非公開会議の開催を決定することができる。

代表が各方面の業務に関して提出した提案・批判・意見などは、常務委員会の事務機構が関連の機関・組織に研究処理を依頼し、責任を持って回答する。

歴代全国人民代表大会の任期・会期・会議回数

（前節より続く）

会期	憲法で規定された任期（年）	実際の任期（年）	会議期間	会議回数（回）	会議日数（日）	平均会期（日）
第5期	5年	4年10か月 （1978〜1982）		5	65	13
第1回			1978.2.26〜3.5			
第2回			1979.6.18〜7.1			
第3回			1980.8.30〜9.10			
第4回			1981.11.30〜12.13			
第5回			1982.11.26〜12.10			
第6期	5年	5年		5	85	17
第1回			1983.6.6〜21			
第2回			1984.5.15〜31			
第3回			1985.3.27〜4.10			
第4回			1986.3.26〜4.12			
第5回			1987.3.25〜4.11			

（次節に続く）

図解　現代中国の軌跡　中国政治

5.5　全国人民代表大会の会議としくみ（3）

　　国家機関構成員の選挙・罷免・任免・辞職も規則で定められている。

●国家機関構成員の選挙と任免

　委員長・副委員長・秘書長・委員の候補者、中華人民共和国主席・副主席の候補者、中央軍事委員会主席の候補者、最高人民法院院長・最高人民検察院検察長の候補者は、主席が指名し、多数の代表の意見に基づき主席団が正式な候補者名簿を確定する。国務院総理と国務院のその他構成員の候補者、中央軍事委員会の主席以外の構成員の候補者は、憲法の関連規定により指名される。各専門委員会の主任委員・副主任委員・委員の候補者は、主席団が代表の中から指名する。

　選挙または任命決定は無記名投票を採用する。全代表の過半数の得票により当選あるいは承認される。選挙または採決の結果は議長がその場で宣言する。

●国家機関構成員の辞職と罷免

　会議期間に、常務委員会構成員・中華人民共和国主席・副主席・国務院構成員・中央軍事委員会構成員・最高人民法院院長・最高人民検察院・検察長が辞職を申し出た場合、主席団は辞職願を各代表団の審議にかけた後、全体会議で決定するよう申請する。大会の閉会中に辞職の申し出があった場合は、委員長会議が常務委員会に審議決定するよう要請する。

　大会の閉会中に、国務院総理・中央軍事委員会主席・最高人民法院院長・最高人民検察院検察長に空席が出た場合、常務委員会は代理候補者を決定することができる。

　主席団、3つ以上の代表団、代表の10分の1以上で、常務委員会構成員・中華人民共和国主席・副主席・国務院構成員・中央軍事委員会構成員・最高人民法院院長・最高人民検察院検察長について罷免案を提出し、全体会議での採決、あるいは組織調査委員会の調査報告提出を求めることができる。

　罷免案を出された者は、主席団会議もしくは全体会議において意見申し立てを行うか、書面によって申し立て意見を提出する権利を有し、主席団が会議に配布する。

歴代全国人民代表大会の任期・会期・会議回数

（前節より続く）

会期	憲法で規定された任期（年）	実際の任期（年）	会議期間	会議回数（回）	会議日数（日）	平均会期（日）
第7期	5年	5年		5	83	16.6
第1回			1988.3.25～4.13			
第2回			1989.3.20～4.4			
第3回			1990.3.20～4.4			
第4回			1991.3.25～4.9			
第5回			1992.3.20～4.3			
第8期	5年	5年		5	71	14.2
第1回			1993.3.15～31			
第2回			1994.3.10～22			
第3回			1995.3.5～18			
第4回			1996.3.5～17			
第5回			1997.3.1～15			
第9期	5年	5年		5	59	11.8
第1回			1998.3.5～19			
第2回			1999.3.5～16			
第3回			2000.3.5～15			
第4回			2001.3.5～15			
第5回			2002.3.5～15			

（次節に続く）

第5章　人民代表大会制度

図解　現代中国の軌跡　中国政治

5.6　全国人民代表大会の会議としくみ（4）

代表は大会の各種会議での発言と採決について法律の追及を受けない。

●ヒアリングと回答要求

代表団・主席団・専門委員会が議案や関連報告を審議する際、関連部門は責任者を出席させ意見を聞き、代表が提出した回答要求に回答しなければならない。人民代表大会の開催期間に、1つの代表団あるいは代表30名以上の連名により、国務院と国務院各部門に対する回答要求を書面で主席団に提出することができる。主席団は回答要求への回答方法を決定する。

主席団、3つ以上の代表団、代表10分の1以上の連名のいずれかにより、特定問題に関する調査委員会の設置を提案することができる。委員会は主任委員・副主任委員・若干名の委員で構成され、委員は主席団が代表の中から指名し、全体会議に承認を求める。調査委員会が調査を行う際は、国家機関・社会団体・公民は資料を提供する義務を有する。調査委員会は大会に調査報告を提出する。大会は調査委員会の報告に基づき、相応の決議を行う。

●発言と採決

全体会議で代表が発言する際は、1人につき二度発言できる。一度目は10分以内、二度目は5分以内とする。発言を希望する代表は、会期前に秘書処に申請し、大会執行主席が発言順序を割り当てる。臨時に発言を希望する場合は、大会執行主席の許可を得てから発言する。

主席団の構成員と代表団団長あるいは代表団が推薦する代表が、主席団の会議において発言する場合、1人が同一議題につき二度発言できる。一度目は15分以内、二度目は10分以内とする。会議の議長の許可を得た場合は、発言時間を適切に延長することができる。

全体会議における議案の採決は、全代表の過半数で可決される。憲法の改正は、全代表の3分の2以上の賛成で可決される。採決の結果は会議の議長がその場で発表する。

議案の採決を投票か、挙手か、あるいはその他の方式にするかは、主席団が決定する。憲法の改正は投票により採決する。

歴代全国人民代表大会の任期・会期・会議回数

（前節より続く）

会期	憲法で規定された任期（年）	実際の任期（年）	会議期間	会議回数（回）	会議日数（日）	平均会期（日）
第10期	5年	5年		5	58	11.6
第1回			2003.3.5～18			
第2回			2004.3.5～14			
第3回			2005.3.5～14			
第4回			2006.3.5～14			
第5回			2007.3.5～16			
第11期	5年	5年		5	53	10.6
第1回			2008.3.5～18			
第2回			2009.3.5～13			
第3回			2010.3.5～14			
第4回			2011.3.5～14			
第5回			2012.3.5～14			
第12期	5年					
第1回			2013.3.5～17			
合計				46	641	13.9

＊全国人民代表大会は毎年第1四半期に行う。
＊1954年以来、全国人民代表大会は12回開催された。全国人民代表大会常務委員会の歴代委員長は以下のとおり。第1期劉少奇、第2・3・4期朱徳、第5期葉剣英、第6期彭真、第7期万里、第8期喬石、第9期李鵬、第10・11期呉邦国、第12期張徳江。

図解　現代中国の軌跡　中国政治

5.7　全国人民代表大会常務委員会

　常務委員会は全国人民代表大会の常設機関で、全国人民代表大会に対して責任を負い業務を報告する。常務委員会の任期は全国人民代表大会の任期に同じ。

●全国人民代表大会常務委員会の構成員とその選任

　全国人民代表大会常務委員会は、委員長、若干名の副委員長、秘書長、および若干名の委員で構成される。構成員には適切な割合の少数民族代表を含む。

　常務委員会の構成員は国家行政機関・裁判機関・検察機関の職務を担当してはならない。全国人民代表大会常務委員会は中国の国家権力機関であり、国内全域の行政機関・裁判機関・検察機関すべてに対して監督権を有し、その構成員は監督者であり、もし監督者が被監督機関の職務を担当するならば、監督と執行が一体となり、監督を実現することができないからである。

　全国人民代表大会は常務委員会の構成員を選挙するとともに、また罷免する権限を有する。

　常務委員会の構成員の選挙は代表の互選方式を採用する。

　第7期全国人民代表大会第1回会議から、全国人民代表大会常務委員会の委員は差額選挙〔候補者数が定数を上回る選挙〕で選任されている。

●全国人民代表大会常務委員会委員長

　常務委員会の委員長は全国人民代表大会常務委員会を招集し主宰する。委員長の主な職責は以下のとおり。常務委員会の会議開催日と会期を決定すること。常務委員会の職権範囲に属する議案を常務委員会に提出すること。ほかの機関が常務委員会に提出した議案と回答要求について、関係する専門委員会の審議に回付するよう決定するか、あるいは常務委員会全体会議で審議するよう申請すること。法定数の常務委員会構成員が提出した法案について、常務委員会の議案とするか否かを決定すること。法定提案機関によって提出された法案が重大問題でありさらなる検討が必要と判断した場合には、法案提出者に対し修正改善の後に再度提出を求めること。回答要求への回答方式を決定することなど。

　副委員長と秘書長は委員長の業務に協力する。

80

全国人民代表大会歴代委員長

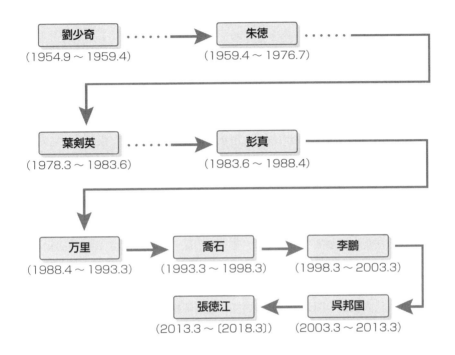

第12期全国人民代表大会常務委員会構成員

委 員 長：張徳江
副委員長：李建国 王勝俊 陳昌智 厳雋琪 王晨 沈躍躍 吉炳軒 張平 向巴平措 艾力更·
　　　　 依明巴海 万鄂湘 張宝文 陳竺
秘 書 長：王晨（兼）

第5章　人民代表大会制度

5.8　全国人民代表大会常務委員会の職権

　人民代表大会常務委員会は全国人民代表大会の常設機構であり、全国人民代表大会の閉会期間においては国家の最高権力を行使する。

●立法と監督

　憲法を解釈し、憲法の実施を監督すること。全国人民代表大会が制定するべき法律以外の法律を制定し修正すること。全国人民代表大会の閉会期間において、全国人民代表大会が制定した法律に部分的補足や修正を行うこと。ただし、当該法律の基本的原則に抵触したり法律に解釈を加えたりしてはならない。

　全国人民代表大会閉会期間において、国民経済、社会発展計画、および国家予算の執行中に行うべき部分的調整案を審査し許可すること。国務院・中央軍事委員会・最高人民法院・最高人民検察院の業務を監督すること。憲法や法律に抵触する場合には、国務院が制定した行政法規・決定・命令を廃止すること。憲法や法律や行政法規に抵触する場合には、省・自治区・直轄市・国家権力機関が制定した地方性法規・決議を廃止すること。

●人事異動と重大な事項決定

　全国人民代表大会の閉会期間において、国務院総理の指名により、部長・委員会主任・監査長・秘書長の候補者を決定すること。中央軍事委員会主席の指名により、その構成員の候補者を決定すること。最高人民法院院長の申請により、最高人民法院副院長・裁判官・裁判委員会委員・軍事法院院長を任免すること。最高人民検察院検察長の申請により、最高人民検察院副検察長・検察員・検察委員会委員・軍事検察院検察長を任免し、かつ省・自治区・直轄市の人民検察院検察長の任免を承認すること。海外駐在全権代表の任免を決定すること。外国と締結する条約および重要協定の批准あるいは廃棄を決定すること。軍人および外交官の階級制度、その他の専門階級制度を規定すること。特赦を決定すること。

　全国人民代表大会の閉会期間において、国家が武力侵犯を受けるか、または多国間の侵略阻止共同条約を履行すべき事態が生じた場合は、交戦状態の布告を決定すること。全国総動員あるいは局部動員を決定すること。全国あるいは個別の省・自治区・直轄市の非常事態発令を決定すること。全国人民代表大会の授与するその他の職権。

全国人民代表大会と全国人民代表大会常務委員会の職権の対比

番号	全国人民代表大会	全国人民代表大会常務委員会
1	憲法と基本的法律の修正権	＊法律修正権（有限） ＊憲法と法律の解釈権
2	憲法の実施の監督権	憲法の実施の監督権
3	立法権	
4	選挙権	
5	罷免権	
6		国家機関人事の任免決定権および任免権
7	予算および決算の決定権	予算調整の決定権
8	全国人民代表大会常務委員会に対する否決権	
9		その他の国家機関および地方国家機関に対する監督権
10		外交条約の批准権
11	地方設置権	
12		階級授与権および栄転授与権
13		特赦権
14	交戦状態布告権および講和権	交戦状態布告権
15		非常事態発令実施権
16	その他の職権	全国人民代表大会の授与するその他の職権

図解　現代中国の軌跡　中国政治

5.9　全国人民代表大会常務委員会の会議としくみ（1）

　全国人民代表大会常務委員会の会議形式は、全体会議・グループ会議・グループ連合会議の３種類に分けられる。

●会議の招集と議長

　全国人民代表大会常務委員会の会議は２か月に１回開催される。臨時に招集することもできる。会議は委員長が招集して議長を務め、常務委員会全構成員の過半数の出席により成立する。

　委員長会議は会議の議題草案を立案し、全体会議がそれを決定する。

●会議の形式

　会議は全体会議・グループ会議・グループ連合会議に分けられる。

　全体会議は常務委員会全構成員が参加する会議であり、各事業報告や議案に関する説明を聴取し、常務委員会が会議で審議する各議案について採決を行うことが主たる職責である。

　全体会議は委員長が議長を務め、副委員長に議長役を依頼することもできる。

　グループ会議は常務委員会構成員がチームに分かれて審議・討論する会議である。委員長会議によって若干名の招集人が確定され、持ち回りで議長を務める。グループの名簿は常務委員会の事務機構が立案し、秘書長に確認決定を求める。また、定期的に調整する。

　第８期全国人民代表大会以前は、常務委員会会議には４つのグループが設けられていたが、第９期全国人民代表大会以降は６グループに分けられている。グループ会議の参加人数は少なく、委員が存分に意見を述べることができ、常務委員会が各議案や報告について審議・討論を行うための主要形式となっている。

　グループ連合会議はグループ会議を基礎として開催される各グループの連合会議で、グループ会議の審議状況を共有し、議案や報告が言及した主要な問題について、特に複数意見が予想される問題について討論を深め、十分な審議を尽くし、大方一致した意見を得ることを図るのが主たる職責である。

　グループ連合会議は委員長が議長を務め、副委員長に議長役を依頼することもできる。グループ連合会議では、委員は議題を提示し発言を求めることができる。

84

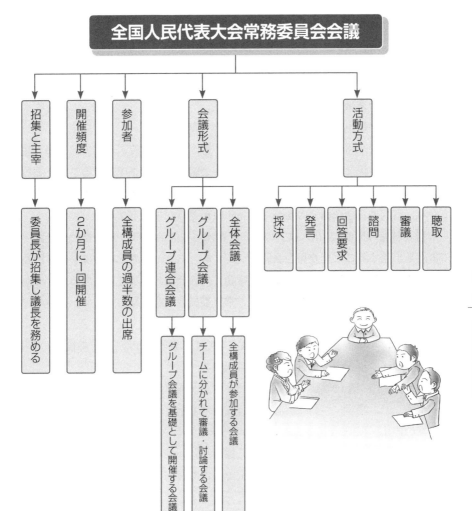

全国人民代表大会常務委員会会議の出席者と傍聴者

出席者：国務院・中央軍事委員会・最高人民法院・最高人民検察院責任者。常務委員会の構成員ではない全国人民代表大会の各専門委員会構成員。常務委員会副秘書長・工作委員会主任あるいは副主任、関連部門責任者。各省・自治区・直轄市の人民代表大会主任あるいは副主任、関係する全国人民代表大会代表。

傍聴者：労働組合・婦人連合・共産主義青年団の代表。

図解　現代中国の軌跡　中国政治

5.10　全国人民代表大会常務委員会の会議としくみ（2）

全国人民代表大会常務委員会の議事には規則・規定がある。

●議案の提出と審議

委員長会議が提出した議案は、常務委員会で審議される。

国務院・中央軍事委員会・最高人民法院・最高人民検察院・全国人民代表大会各専門委員会が提出した議案は、常務委員会会議での審議を申請することを委員長会議が決定する。あるいは事前に関係する専門委員会の審議と報告の提出を経てから、常務委員会会議での審議を申請するかどうかを決定する。

常務委員会の構成員 10 人以上の連名で提出された議案は、常務委員会会議での審議を申請することを委員長会議が決定する。あるいは事前に関係する専門委員会の審議と報告の提出を経てから、常務委員会会議の審議を申請するかどうかを決定する。審査を申請しない場合は、常務委員会会議に報告するか、提案者に説明しなければならない。

審議に回付する議案は、全体会議で議案に関する説明を聴取し、その後、グループ会議、関係する専門委員会が同時に審議する。

常務委員会のグループ連合会議は専門委員会が議案について審議した報告を聴取・審議して、議題について討論を行うことができる。

●議案の停止・保留

常務委員会会議の議案に組み込まれ、採決が行われる前に、提案者が撤回を求めた場合は、委員長会議の同意を経た上で、この議案の審議を即時に停止することができる。

採決を申請する予定の議案について、審議中になお一層の検討が必要となった重大な問題は、委員長あるいは委員長会議による提起と、グループ連合会議あるいは全体会議による同意を経て、暫時採決を行わず、関係する専門委員会にさらなる審議と審議報告の提出を求めることができる。

常務委員会が必要と認めた場合、特定問題に関する調査委員会を組織し、かつ調査委員会の報告に基づき、適切な決議を行うことができる。

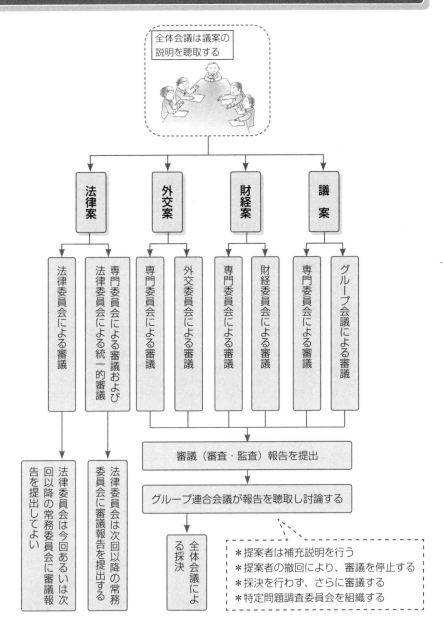

図解　現代中国の軌跡　中国政治

5.11　全国人民代表大会常務委員会の機関（1）

　　全国人民代表大会常務委員会の主要機関には、委員長会議・専門委員会がある。

●委員長会議

　　委員長・副委員長・秘書長は委員長会議を構成し、委員長が招集し議長を務める。委員長会議の職責は以下のとおり。会議ごとの会期を決定して、会議の議題の草案を立案する。常務委員会に提出された議案や回答要求について関係する専門委員会の審議に付すか常務委員会全体会議の審議を申請するかを決定する。各専門委員会の重要な日常作業を指導し補佐する（その他の重要な日常作業を処理するなど）。常務委員会の重要な日常作業の処理を行う。

●専門委員会

　　専門委員会は、民族・法律・内務司法・財政経済・教育科学文化衛生・外交事案・華僑・「環境と資源保護」・「農業と農村」という専門委員会に分けられている。

　　各専門委員会は関連議案を研究・審議・立案する。また、全国人民代表大会常務委員会に協力して監督権を行使すべく、法律や法律関連問題に関する決議・決定の実施情況に対して検査監督をする。

　　民族委員会はその他にも全国人民代表大会常務委員会に承認を申請する自治区の自治条例や単独条例について審議して常務委員会へ報告し、また、民族団結の強化に関して提案する。

　　法律委員会は全国人民代表大会あるいは全国人民代表大会常務委員会に提出される法律案を統一的に審議する。その他の専門委員会は関係する法律案について審議し、法律委員会に意見を提出する。

　　各専門委員会はすべて各自の議事規則を制定している。

●代表資格審査委員会

　　全国人民代表大会常務委員会は主任委員・副主任委員・委員からなる代表資格審査委員会を設立し、委員長会議が常務委員会の構成員の中から指名し、常務委員会が可決する。

　　代表資格審査委員会は代表の選挙が法律の規定に則っているか否かについて審査を行い、常務委員会に報告を出す。常務委員会は代表資格が有効か否かを確認する。

88

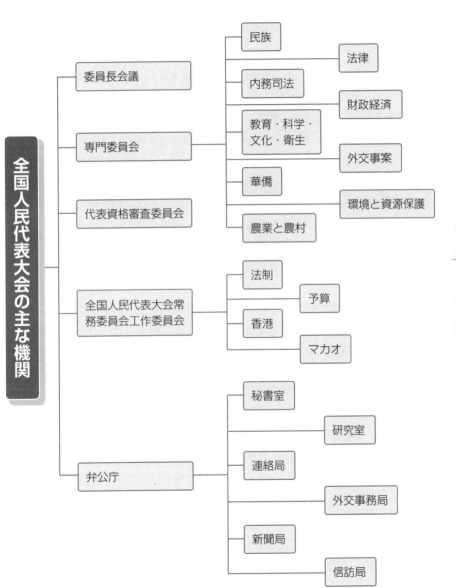

第5章 人民代表大会制度

図解　現代中国の軌跡　中国政治

5.12　全国人民代表大会常務委員会の機関 (2)

弁公庁・法制工作委員会・予算工作委員会も常務委員会の主要業務機構である。

●弁公庁

弁公庁は全国人民代表大会常務委員会の事務機構で、主に全国人民代表大会・常務委員会・委員長会議について以下のような各種準備と会務を担当している。委員長会議の委託を受けて、関係議案の草案を立案する。事務代表が提出した提案・批判・意見を取りまとめる。全国人民代表大会常務委員会と地方人民代表大会常務委員会との連絡、全国人民代表大会と全国人民代表大会常務委員会の、外国議会や議会国際組織との交流・連絡に関する事務を担当する。全国人民代表大会と全国人民代表大会常務委員会の記者会見および宣伝活動を担当する。全国人民代表大会代表と民衆の来信来訪などの処理・応接事務を執り行う。

●法制工作委員会と予算工作委員会

法制工作委員会は全国人民代表大会常務委員会の法制担当機関であり、法律委員会の事務機構でもある。その主要な職責は以下のとおり。委員長会議の委託を受け、関係する刑事・民事・国家機構、およびその他分野の基本的法律の草案を立案する。全国人民代表大会、全国人民代表大会常務委員会、および法律委員会が法律の草案を審議するためのサポートをする。全国人民代表大会と全国人民代表大会常務委員会に審議を申請する予定の関連法律の草案について調査研究を行い、意見を求め、関係資料を提供し、修正提案を提出する。法律制定の全過程を総合的に計画手配し、立法の総合プランや計画を担当する。省級人民代表大会常務委員会や中央の関係国家機関が提出した法律問題に関わる問合せに回答する。全国人民代表大会代表が提出した法制関連事務の提案と批判、全国政協委員による関連提案を処理し、これに回答する。法学理論・法制史・比較法学の研究を行う。法律文献を集成・翻訳する。

予算工作委員会は全国人民代表大会常務委員会の業務機構で、主な職責は以下のとおり。財政経済委員会に協力し、全国人民代表大会と全国人民代表大会常務委員会による予決算案の審査、調整予算案の審査、予算執行の監督に関する具体的事務を担当する。関係する法律草案の立案を担当し、財政経済委員会に協力し法律草案の審議に関連する具体的事務を担当する。

全国人民代表大会常務委員会各専門委員会の設立

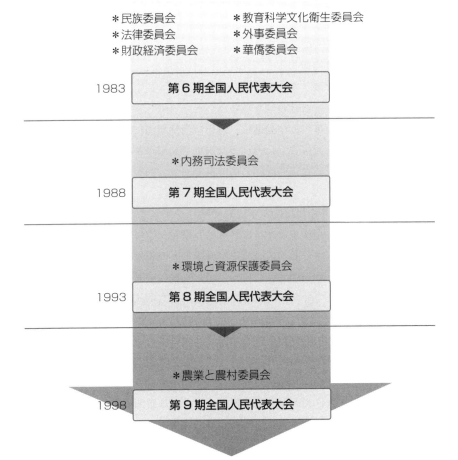

＊1978年制定の憲法は全国人民代表大会常務委員会に専門委員会設立の権限を初めて与えた。1982年制定の憲法に基づき、1983年に第6期全国人民代表大会第1回会議は民族委員会など6つの専門委員会を設立した。現在では9つの専門委員会が設けられている。

図解　現代中国の軌跡　中国政治

5.13　全国人民代表大会と地方人民代表大会の代表（1）

　全国人民代表大会〔以下、全人代〕代表は国家の最高権力機関の構成員であり、地方各級人民代表大会代表は地方各級の国家権力機関の構成員である。

●全国人民代表大会代表の任期

　全人代代表の任期は毎期5年で、会議は全人代常務委員会が毎年1回招集する。

　全人代代表の任期が満了する2か月前までに、全人代常務委員会は次期の全人代代表の選挙を完了させなければならない。

●人民代表大会代表の選出と法的地位、および西側諸国における議員との違い

　全人代と地方各級人民代表大会の代表は選挙で選出され、それぞれ国家の最高権力機関と地方の各級国家権力機関の構成員であり、国家権力の行使に参加することができる。

　国家と社会は人民代表大会代表が代表の職務を実行するために保障を提供する。しかし人民代表大会代表は出身選挙区の有権者・出身選挙部門の意見や要求を聴取して反映するべきである。同時に出身選挙区の有権者・出身選挙部門の監督を受ける。有権者・選挙部門は自らの選出した代表を罷免する権利を有する。

　代表は人民代表大会の会期中および閉会期間に、常に代表の職務を履行する。

　中国の人民代表大会代表と西側諸国における議員とには相違がある。後者は専業政治家であり、何らかの党派の代表である。前者は各地・各民族・各業種から選ばれており、兼職である。同時に、人民代表大会代表は集団で職権を行使するのであり、個人が直接的に問題を処理するのではない。

　また、人民代表大会代表と中国の公務員は部分的重複関係にすぎない。つまり人民代表大会代表の中に公務員も含まれるし、公務員の中に人民代表大会代表を兼任する人も存在する。

●人民代表大会代表の権利と職責

　会期中の代表の権利と職責は以下のとおり。会議に出席する。議案を提案する。選挙と決定に参加する。諮問を行う。回答要求を提出する。罷免案を提出する。

　閉会期間中の代表の権利と職責は以下のとおり。視察や現地調査を行う。提案を行う。式典に列席・来賓列席する。調査に参加する。提案・批判・意見を提出する。

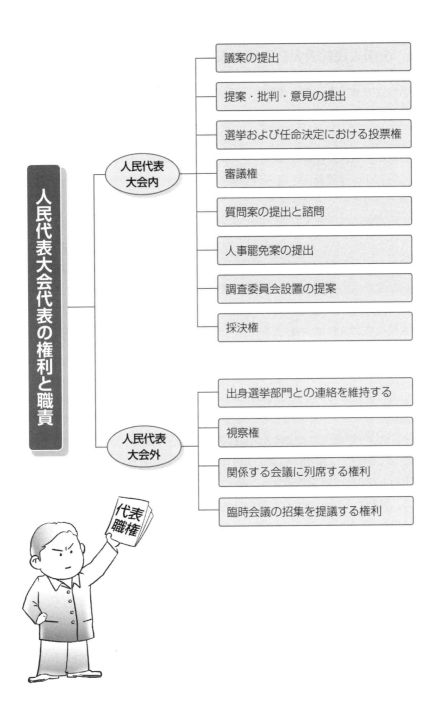

図解　現代中国の軌跡　中国政治

5.14　全国人民代表大会と地方人民代表大会の代表（2）

　全国および省・自治区・直轄市・区設置市、自治州の人民代表大会代表は、1
ランク下の人民代表大会の選挙により選出される

●各級人民代表大会代表の選挙：ランク別間接選挙制

　区非設置市・市管轄区・県・自治県・郷・民族郷・鎮の人民代表大会代表は、
有権者の直接選挙で選出される。

　人民解放軍の現役軍人および軍の選挙に参加するほかの人員は、全国人民代表
大会〔以下、全人代〕および県級以上地方各級の人民代表大会代表を選挙する。

　香港、マカオ特別行政区は全人代代表選挙会議を設け、全人代代表を選挙する。
台湾省の全人代代表は全人代代表協商選挙会議での選挙によって選出される。

●各級人民代表大会代表の定数：規定に基づく配分

　全人代代表の定数は3000人を上回らない。地方各級人民代表大会の代表配分
基数と、人口数によって加算される代表数を合算した数が、地方各級人民代表大
会の代表定数総数となる。

　自治区および居住する少数民族の多い省は、全人代常務委員会の決定を経た上
で、代表定数を5％多くすることができる。

　省・自治区・直轄市の人民代表大会代表の具体的定数は、全人代常務委員会が確
定する。区設置市・自治州・県級の人民代表大会代表の具体的定数は、省・自治区・
直轄市の人民代表大会常務委員会が確定し、全人代常務委員会に記録を残すべく報
告する。郷級の人民代表大会代表の具体的定数は、県級の人民代表大会常務委員
会が確定し、1ランク上の人民代表大会常務委員会に記録を残すべく報告する。

　地方各級人民代表大会の代表定数総数が確定した後は、変更されることはない。
仮に行政区画の変動あるいは重大プロジェクトの建設などの理由で人口に大きな
変動があった場合、当該ランクの人民代表大会の代表定数総数は法律に基づいて
新たに確定する。

　総じて、地方各級人民代表大会の代表定数の配分は、省・自治区・直轄市の人
民代表大会常務委員会が全人代の代表定数配分方法を参照し、当該地区の実情に
照らして定められる。

94

```
                      ┌──────────────┐          ┌─────────────────┐
                      │ 郷・鎮、区・県 │──────────│ 直接選挙          │
                      └──────────────┘          └─────────────────┘

                      ┌──────────────┐          ┌─────────────────┐
                      │ 県級を上回る   │──────────│ 間接選挙          │
                      │ 各地方        │          └─────────────────┘
                      └──────────────┘

                                                 ┌─────────────────────────┐
                                                 │ 駐屯している者が所在地の県級 │
  各級人民代表大会代表の選挙                        │ 人民代表大会代表を直接選挙    │
                      ┌──────────────┐          └─────────────────────────┘
                      │ 軍隊          │
                      └──────────────┘          ┌─────────────────────────┐
                                                 │ 駐屯している者が所在地の県級 │
                                                 │ を上回るクラスの各級人民代表 │
                                                 │ 大会代表を間接選挙          │
                                                 └─────────────────────────┘

                      ┌──────────────┐          ┌─────────────────────────┐
                      │ 香港、マカオ   │──────────│ 香港とマカオの全国人民代表大 │
                      └──────────────┘          │ 会代表選挙会議が選挙        │
                                                 └─────────────────────────┘

                      ┌──────────────┐          ┌─────────────────────────┐
                      │ 台湾省        │──────────│ 全国人民代表大会代表協商選挙 │
                      └──────────────┘          │ 会議が選挙                 │
                                                 └─────────────────────────┘
```

第5章　人民代表大会制度

図解　現代中国の軌跡　中国政治

6.1　国家主席

国家主席は中華人民共和国の元首であり、中華人民共和国を代表する。

●国家主席の設置とその地位

中華人民共和国主席は 1954 年より設置され、かつて 1975 年から 1982 年まで廃止されていたことがある。

中華人民共和国主席は同時に国家機構であり、全国人民代表大会・国務院・最高人民法院・最高人民検察院・中央軍事委員会と同様に、国家組織の重要な構成部分である。

国家主席の職権は儀礼的なものであり、それ自体はいかなる国事をも単独で決定することはなく、全国人民代表大会とその常務委員会の決定に基づいてのみ職権を行使する。

●国家主席と副主席

国家主席と副主席は全国人民代表大会が選挙する。任期は全国人民代表大会の任期と等しい。連続して務める際は 2 期を超えてはならない。選挙権と被選挙権を有する満 45 歳以上の中華人民共和国の公民は国家主席、副主席に選出されることができる。副主席は主席の委託を受けて、主席の職権の一部を代行することができる。主席が空席の際には、副主席が主席の職務を引き継ぐ。副主席が空席の際には、全国人民代表大会が補欠選挙を行う。主席・副主席がいずれも空席の際には、全国人民代表大会が補欠選挙を行う。補欠選挙が行われるまでは、全国人民代表大会常務委員会委員長が臨時に主席職位の代理を務める。

96

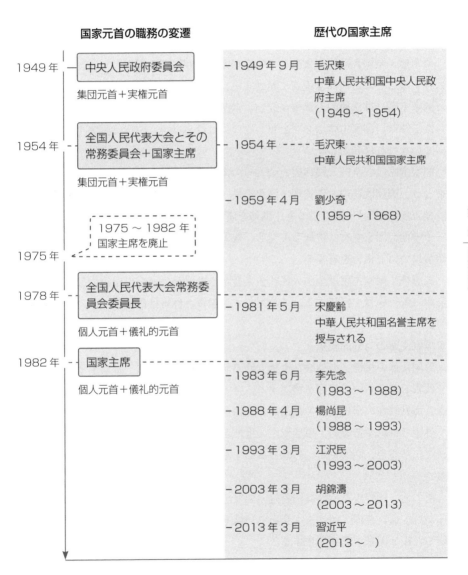

図解　現代中国の軌跡　中国政治

6.2　国家主席の職権

　　国家主席は対内的に公布権・表彰権を有し、また特赦令や戒厳令を発表できる。

●国家主席の対内的職権

　公布権：全国人民代表大会とその常務委員会が法律を採択した後、国家主席が公布することで、法律は正式に発効する。

　国家主席には法律の否決権がない。全国人民代表大会とその常務委員会が採択した法律は、国家主席は必ず公布しなければならない。法律は国家主席の公布を経ていなければ発効しない。

　国家主席は、全国人民代表大会とその常務委員会の決定に基づき、公布の形式をとり、国務院総理・副総理・国務委員・各部部長・各委員会主任・審計長〔会計検査長に相当〕・秘書長の選任職務を履行する。

　その他、国家主席は特赦令の発令、戒厳令の発令、交戦状態の宣言、動員令の発令について権力を有する。

　表彰権：国家主席は全国人民代表大会とその常務委員会の決定に基づき、国家勲章と栄誉称号を授与する。その授与する勲章と称号は最高レベルの栄誉を有する。

●国家主席の対外的職権

　外国使節の接遇、海外駐在全権大使の派遣と召還：国家主席は中華人民共和国を代表して、外国の使節を接遇する。全国人民代表大会常務委員会の決定に基づき、海外駐在の全権代表を派遣あるいは召還する。

　外国と締結する条約・重要協定の批准と破棄：全国人民代表大会常務委員会の決定に基づき、国家主席は外国と締結する条約および重要協定を批准あるいは破棄する。

　その他、国務院あるいは国務院の関係部門が外国と締結する条約あるいは協定については、全国人民代表大会あるいはその常務委員会が批准あるいは破棄を決定した後、国家主席が公布する。

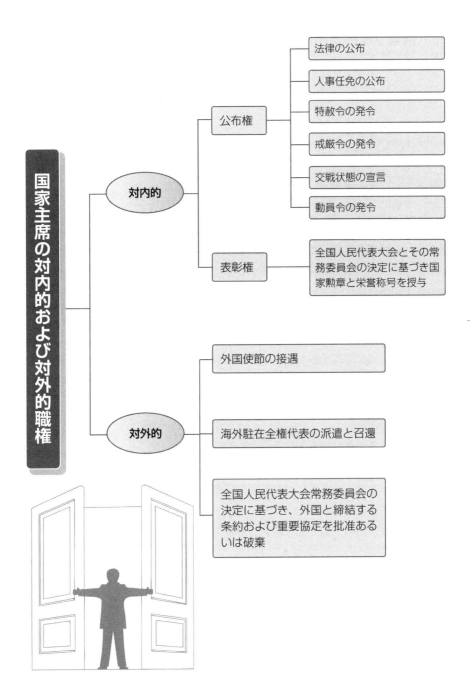

6.3 国家主席の選出・辞職・罷免

国家主席は全国人民代表大会主席団が指名し単独候補者信任投票によって選出される。

●国家主席の指名・選挙・当選

国家主席・副主席は全国人民代表大会主席団が立候補者名簿を提出し、全国人民代表大会が単独候補者信任投票によって選出する。

国家主席立候補者の指名権を有するのは全国人民代表大会主席団のみである。全国人民代表大会の代表・代表団・代表の連名・常務委員会はいずれも国家主席・副主席の立候補者名簿を提出する権利を持たない。

国家主席・副主席の立候補者は得票数が代表全体の過半数となれば当選する。

●国家主席の辞職

国家主席・副主席が全国人民代表大会期間中に辞職を申し出た場合、大会主席団は辞職願を各代表団の審議に付した後、全体会議に決定を仰ぐ。

大会閉会期間に辞職を申し出た場合、委員長会議は辞職願について全国人民代表大会常務委員会の審議と決定を仰ぐ。全国人民代表大会常務委員会は辞職願を受け入れた場合、さらに次回の全国人民代表大会で確認を求める。

●国家主席の罷免

全国人民代表大会は国家主席を罷免する権限を有する。

全国人民代表大会の3つ以上の代表団あるいは10分の1以上の代表の連名であれば、国家主席・副主席について罷免案を提出することができ、主席団は大会の審議と採決を仰ぐ。

国家主席は次回の全国人民代表大会が選出する主席が就任するまで職権を行使する。

国家主席の選出・辞職・罷免

国家主席の選出

指名
* 全国人民代表大会主席団が指名

選挙
* 全体大会が単独候補者信任投票を行い、過半数の得票で選出

国家主席の辞職

会議期間中
* 主席団が各代表団の審議に付す
* 全体大会が決定

閉会期間中
* 委員長会議が常務委員会の審議と決定を仰ぐ
* 常務委員会は辞職願を受け入れた場合、次回大会で確認を求める

国家主席の罷免

罷免案
* 3つ以上の代表団あるいは10分の1以上の代表の連名であれば、罷免案を提出できる

採決
* 主席団が全体大会の審議と採決を仰ぐ

図解　現代中国の軌跡　中国政治

7.1　国務院の地位と事務体制

国務院は国家の最高行政機関であり、全国に対する行政指導権を有する。

●**国務院の地位**

国務院は国家の最高行政機関であり、1954年に憲法に基づき設置された。全国に対する行政指導権を有し、地方各級の国家行政機関に対する統一的指導をはじめ、省・自治区・直轄市と中央との国家行政機関の職権を区分し、全国的な政策および行政上の措置を制定する。地方政府に対して直接あるいは間接的な指導を行い、いかなる地方もいかなる行政上の問題もすべて国務院の指導に従う。

国務院が有する行政上の最高地位とはまた、国務院を除いては若干の特定任務を担当する独立した行政機関が存在せず、中央政府の行政機能は完全に国務院によって統括的に行使され、国家の行政権力が統一し集中していることを意味している。

●**国務院の体制**

国務院は総理責任制をとっており、総理が国務院の業務を指導し、全国人民代表大会とその常務委員会に対して責任を負っている。

総理は全国人民代表大会とその常務委員会に副総理・国務委員・各部部長・各委員会主任・審計長・秘書長など国務院構成員の任免および人選を提案する権限を有する。

総理は決定・命令・行政法規に署名する権限を有する。

副総理・国務委員・秘書長・各部部長・各委員会主任・審計長は総理に対して責任を負い、そのうち、副総理・国務委員は総理の業務に協力する。秘書長・各部部長・各委員会主任・審計長は特定範囲・特定分野の業務を具体的に担当する。

国務院の各部・各委員会は部長・主任による責任制を実行しており、各部長・主任は当該部門の業務を指導し、部業務会議・委員会・委員会業務会議を招集し主宰する。国務院および上級政府への重要報告あるいは下達する命令や指示に署名する。

102

国務院の性質

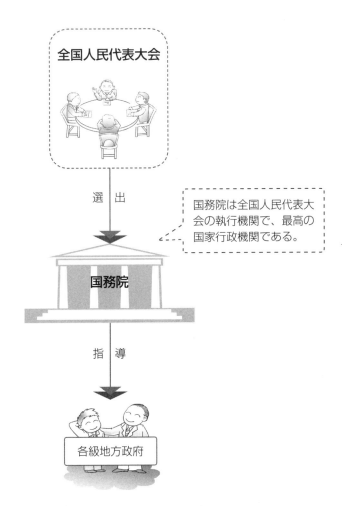

*国務院が有する行政上の最高地位とはまた、中央政府の行政機能は完全に国務院によって統括的に行使され、国家の行政権力が統一し集中していることを意味している。

図解　現代中国の軌跡　中国政治

7.2　国務院の構成

　国務院は総理・副総理・国務委員・各部の部長・各委員会の主任・人民銀行の行長〔総裁〕・審計長・秘書長で構成され、任期は5年、総理・副総理・国務委員が連続して務める際は2期を超えてはならない。

●総理・副総理・国務委員の選出と職責

　国務院総理は国家主席が指名し、全国人民代表大会が決定し、国家主席が任命する。副総理・国務委員は総理が指名し、全国人民代表大会が決定し任命する。

　総理による国務院の指導：総理は国務院全体会議と国務院常務会議を招集し主宰する。国務院が公布する決定・命令・行政法規、および全国人民代表大会あるいは全国人民代表大会常務委員会に提出する議案と人員の任免については総理が署名する。

　副総理・国務委員は総理に協力して、分担しておのおのの管理する業務を処理する。総理の委託を受けて、その他の業務あるいは特定任務を担当する。また国務院を代表して渉外活動を行うことができる。

　総理の外国訪問期間中は、日常業務を担当する副総理が総理の職務を代行する。

●秘書長・審計長・部長・主任の選出と職責

　全国人民代表大会は総理の指名に基づき、各部部長・各委員会主任・審計長・秘書長の候補者を決定する。全国人民代表大会の閉会期間中は、全国人民代表大会常務委員会が決定する。

　国務院は弁公庁を設け、秘書長が国務院の日常業務を担当する。

　審計署は法律の規定によって単独で会計検査権を行使し、その他の行政機関・社会団体・個人の干渉を受けない。

　国務院の各部および各委員会の設立・廃止・統合は、総理によって提出され、全国人民代表大会が決定する。全国人民代表大会の閉会期間中は、全国人民代表大会常務委員会が決定する。

　各部・各委員会の業務における方針・政策・計画・重大行政措置は、いずれも国務院に報告し指示を仰ぎ、国務院が決定する。主管部・委員会は当該部門の権限内において命令・指示・規則を発することができる。

中華人民共和国歴代総理

歴代総理

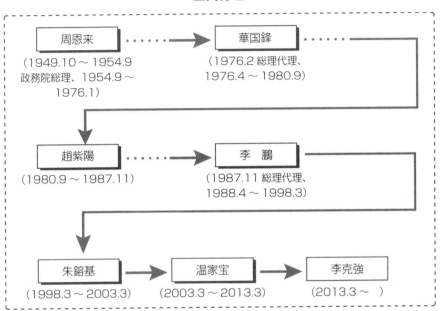

総理・副総理・国務委員・秘書長

〔2014年3月時点〕

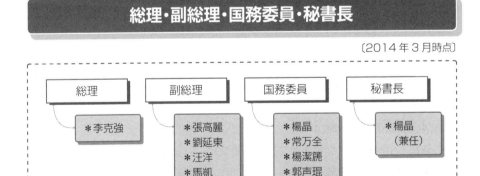

図解　現代中国の軌跡　中国政治

7.3　国務院の機構の設置

　国務院の機構は部・委員会・人民銀行・審計署で構成され、これらの部門は国務院の基本的行政管理機能を担当し、命令・指示・規則を発することができる。

●日常業務機構・直属機構・事務機構

　国務院弁公庁は国務院総理に協力して国務院の日常業務を処理する機構であり、秘書長1名、副秘書長若干名を置く。

　海関総署〔税関本部〕・税務総局などの国務院直属機構は、国務院の特定の専門事項を主管し、独立した行政管理機能を有する。その業務の範囲内において、対外的に指示や規則を発することができる。

　香港・マカオ事務弁公室などの国務院事務機構は総理に協力して専門事項を取り扱うが、独立した行政管理機能は持たず、通常は対外的に指示や規則を直接発することはない。

●委員会の管理する国家局

　信訪局・糧食局・文物局など、部・委員会が管理する国家局は、特定業務を主管し、行政管理機能を行使するが、対外的に行政命令や規則を発する際は、所属する部・委員会の名義あるいは部・委員会により権限を授与された場合にのみ、国家局の名義で対外的に発令する。

●議事協調機構・臨時機構・直属事業単位

　国家禁毒委員会〔麻薬取締委員会〕などの議事協調機構や臨時機構は、特殊なあるいは臨時の任務を完遂するため若干の構成部門からなる、比較的高レベルな部門横断機構であり、主に部門を横断する重要業務を取りまとめ、突発的な事項を処理する。通常は国務院総理・副総理がグループリーダー〔原文：小組組長〕を担当する。

　議事協調機構と臨時機構の設置および廃止は国務院が決定する。

　新華社・中国科学院などの国務院直属事業単位は通常は法に基づき執法監督管理機能を担うための機構であり、また専門性が特に高い事項を担当する機構である。

106

2012年機構改革後の国務院機構

弁公庁

国務院構成部門（25）
外交部、国防部、国家発展改革委員会、教育部、科学技術部、工業・信息化部、国家民族事務委員会、公安部、国家安全部、監察部、民政部、司法部、財政部、人力資源・社会保障部、国土資源部、環境保護部、住宅・城郷建設部、交通運輸部、水利部、農業部、商務部、文化部、国家衛生・計画生育〔計画出産〕委員会、中国人民銀行、審計署

直属特設機構（1）
国務院国有資産監督管理委員会

直属機構（15）
海関総署、国家税務総局、国家工商行政管理総局、国家質量監督検験検疫総局、国家新聞出版広電総局、国家体育総局、国家安全生産監督管理総局、国家統計局、国家林業局、国家知識産権局、国家旅遊局、国家宗教事務局、国務院参事室、国務院機関事務管理局、国家予防腐敗局

事務機構（4）
国務院僑務弁公室、国務院香港・マカオ事務弁公室、国務院法制弁公室、国務院研究室

直属事業単位（13）
新華通訊社〔新華社〕、中国科学院、中国社会科学院、中国工程院、国務院発展研究中心、国家行政学院、中国地震局、中国気象局、中国銀行業監督管理委員会、中国証券監督管理委員会、中国保険監督管理委員会、全国社会保障基金理事会、国家自然科学基金委員会

図解　現代中国の軌跡　中国政治

7.4　国務院の職権

　　国務院は行政立法および制令権・外交権・非常事態実施権を有する。

●直接的権力

　　行政立法および制定発令権：国務院は憲法と法律に基づき、行政措置を規定し、行政法規を制定し、決定と命令を発することができる。

　　国務院機構と地方政府に対する行政指導権：国務院はその各機構と各級地方政府に対し絶対的な指導権を有する。いかなる機構の管轄にも属さない一部事務については、国務院は専門の機構を設立して管轄を行うこともできる。

　　直接行政管理権：国務院は中国の最高行政管理機構であり、全国のすべての行政事務を管理する。

　　外交権：国務院は対外事務を管理して、外国と条約や協定を締結する。華僑の正当な権利と利益を保護して、帰国華僑や在外華僑留守家族の合法的権利と利益を保護する。

●間接的権力

　　立法提案権：何らかの事務が、国務院がすでに有する権限の範囲を超えている場合は、国務院は全国人民代表大会あるいは全国人民代表大会常務委員会に議案を提出し、法律の成立あるいは権限授与を受けることによって、管理権限を獲得することができる。

　　否決権：国務院は各部・各委員会・各級地方政府が発した命令・指示・規則を改変あるいは廃止することができる。

　　非常事態実施権：国務院は省・自治区・直轄市の範囲内の一部地域に非常事態を実施することを決定できる。

●その他の権力

　　憲法と法律が規定する国務院の権力範囲以外では、全国人民代表大会と全国人民代表大会常務委員会が立法によって国務院にその他の権力を授与することができる。

108

国務院の権力

国務院

直接的権力

間接的権力

その他の権力

行令権政立法と制定発

行政指導権

直接行政管理権

外交権

立法提案権

否決権

非常事態実施権

全国人民代表大会とその常務委員会が授与

行政法規の制定

決定と命令の発令

国務院各機構への指導

中国の地方各級国家行政機関への統一的指導

中国のすべての行政事務を管理

対外事務を管理

華僑と帰国華僑の権利と利益を保護

は廃止できる

各部・各委員会・各級地方政府が発した命令・指示・規則を改変あるい

一部地域に非常事態を実施できる

第7章 国務院

図解　現代中国の軌跡　中国政治

7.5　国務院の行政方式

国務院は立法への参与・行政立法・監査・行政監察などの形で政務を行う。

●法律面

立法への参与：国務院は、法律案を提出する、全国人民代表大会とその常務委員会の委託を受けて行政法規を制定する、立法機関に法律の解釈を求める、また、法律上の問題について決裁するといった方式や道筋によって立法に参与する。

行政立法：国務院は憲法と法律に基づき行政法規を制定する権限を有する。国務院の各部および各委員会は、法律および国務院の行政法規・決定・命令に基づき、当該部門の権限内において規則を発令する権限を有する。

●行政面

国務院は国民経済・社会発展計画・国家予算を制定し執行する。

命令の発令：行政措置を規定し、行政法規を制定して、決定と命令を発する。

地方政府と各部門への報告要求：当該地区・部門・組織において発生する突発的な重大事案、重要な社会事象、重大な災害や疫病、その他緊急の重大事案すべてについて、各地区・各部門は状況をできる限り早く国務院に報告し、また処理完了まで随時経過報告をする。その他に、省・自治区・直轄市の政府は毎年1～3月および7～9月の二度にわたり業務報告を送致しなければならない。それぞれ半年期の業務状況と、年間あるいは次の半年期の業務予定を総括し報告する。

監査と行政監察：総理に直属して指導を受ける国家審計署を設置し、地方政府を含む行政機構の監査を担う。監察部を設置し全国の行政監察業務を主管する。

特定項目割当金：中央財政は特定のマクロ政策目標実施のため、地方特定事業補助資金を設け、マクロ政策の実現に寄与する。

派出機関あるいは代表の設置：マクロコントロールと行政執法の領域において、派出機関あるいは代表を設置し、地方の管理と統制を強化する。

垂直型管理：海関〔税関〕など、特殊性を有する部門や領域においては、垂直型管理を実行する。

110

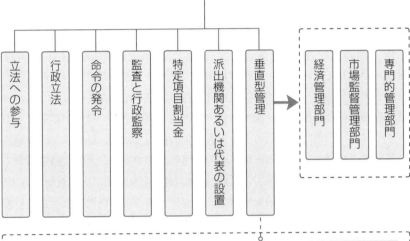

垂直型管理

中国政府の管理の大きな特色であり、なおかつ行政改革の中で、中央による地方コントロールの重要な手段として、常に強化される傾向にある。

現在の比較的重要な政府職能部門、例えば、銀行・監査・税関・商工業・税務など経済管理と市場管理監督の職能を履行する部門を主に含む中央あるいは省級以下の機関に対して、垂直型管理を行う。

地方の一般的行政機関と垂直型管理を行う部門との違い

前者は当該級地方政府の指導を受けるが、後者は所在地の地方政府の指導を受けない。

図解　現代中国の軌跡　中国政治

7.6　国務院の会議制度と公文書許認可制度

国務院は国務院全体会議と国務院常務会議の制度を運用している。

●国務院の会議制度

全体会議は総理・副総理・国務委員・各部部長・各委員会主任・人民銀行行長・審計長・秘書長で構成され、総理が招集し主宰する。その職責は国務院業務のうち重大事案の討論と決定、国務院の重要業務の調整手配である。

常務会議は総理・副総理・国務委員・秘書長で構成され、総理が招集し主宰する。その職責は国務院の業務のうち重大事案の討論と決定、法律草案の討論、行政法規草案の審議、その他の重要事案の通達と討論である。会議は通常毎週1回開催される。必要に応じ関係する部門・組織の責任者を会議に出席させてもよい。

全体会議と常務会議に討論を申請する議題は、国務院の担当幹部が調整や審査を行い、総理に報告された後確定する。会議文書は総理が決裁する。運営事務は国務院弁公庁が担当し、議題や文書は会議開催以前に出席者に送付される。会議の決定事項は、法的に機密が求められる場合以外は速やかに報道されなければならない。

●国務院の公文書許認可制度

国務院に送付する公文書は、国務院幹部が処理を命じた事項あるいは直接送付が必要な極秘事項を除き、通常の場合、幹部個人に直接送付してはならない。

各部門が国務院に送付して採決を求める公文書で、部門間の意見の相違により一致した意見を得られないものは、双方の根拠を列挙し、解決のための方策を提出する。国務院に送付して許認可を求める公文書は、国務院弁公庁が国務院の幹部に分担に応じ審査を依頼し認可される。重大事案は総理の許認可を仰ぐ。

国務院の制定する行政法規、発する命令、および全国人民代表大会あるいは全国人民代表大会常務委員会に提出される議案は、総理が署名する。国務院の名義で発するものは、国務院の担当幹部が確認した後、総理が署名し発令する。国務院弁公庁の名義で発するものは、国務院の秘書長が署名し発令する。必要があれば、国務院の担当幹部が署名発令するか総理が確認し署名発令する。

国務院と国務院弁公庁の公文書は、機密保持が必要な場合を除き、速やかに公表しなければならない。

112

国務院の全体会議と常務会議

会議区分	開催頻度	参加者	職責
全体会議		総理・副総理・国務委員・各部部長・各委員会主任・人民銀行行長・審計長・秘書長	*国務院の業務のうち重大事案の討論と決定 *国務院の重要業務の調整手配
常務会議	毎週1回	総理・副総理・国務委員・秘書長	*国務院の業務のうち重大事案の討論と決定 *法律草案の討論、行政法規草案の審議 *その他の重要事案の通達と討論

国務院の意思決定の仕組みと形式

専門家による論証　　　　執行　　　　審査

座談会の開催、民主
諸党派や専門家の意
見聴取

各部門は着実に執行
し経過を報告する

弁公庁が審査を求める

第 4 編
行政区分と政府の管理

● 第 8 章　　行政区分と地方政府制度

● 第 9 章　　民族自治区制度

● 第 10 章　　特別行政区制度

● 第 11 章　　幹部と公務員に関する制度

● 第 12 章　　紀律検査・監察制度

図解　現代中国の軌跡　中国政治

8.1　行政区分

　行政区分とは、国が地域のランク別管理のために行う国土と政治・行政の権限区分である。

● 「行政区分」の意味

　「行政区分」とは、国が地域をランク別に管理するために行う政治・行政権による国土の区分で、国あるいはそれに次ぐ地方が、特定の地域内に一定の形式で打ち立てた、そのランクにおける唯一の政権機関がその目安となる。

　国の構成形式の違いにより行政区分も異なり、単一国家は中国のようにいくつかの地方行政区に分かれるし、連邦制国家では、例えばアメリカのように、各連邦〔州〕によって構成される。同時に、歴史や伝統、特殊な政治経済上の条件、民族構成、言語文化の違いも、行政区分の形成に影響する。

● 中国の法定行政区分と実際の区分

　憲法の規定によれば、中国の行政区域は以下のように区分される。全国は省・自治区・直轄市に、省・自治区は自治州・県・市に、県と自治県は郷・民族郷・鎮に区分される。直轄市と比較的大きな市は区・県に分けられる。自治州は県・自治県・市に分けられる。

　その他、中央政府は、例えば香港特別行政区・マカオ特別行政区のような特別行政区を設立することができる。

　中国の実際の行政区分は、憲法の規定する法定区に比べて一層複雑である。憲法が明文化している区分単位のほか、実際にはさらに地区があり、都市に設けられている街道、県以下に設けられている管理区、および特殊な地域に設立される行政機構、例えば経済特区・開発区・鉱山工業区・自然保護区などがある。

116

中国の行政地域の類型と実際の区分

少数民族居住区がある自治行政区分	一般的行政が行われている地方行政区分
行政管理未施行の地方行政区分（台湾）	特別行政区（香港・マカオ）

（2011 年 12 月 31 日現在）

**省級
(34)**
- 直轄市（4） ・省（23）
- 自治区（5） ・特別行政区（2）

**地区級
(333)**
- 地区級市（284） ・地区（15）
- 自治州（30） ・盟（内モンゴル地域にあり、市に相当する）（3）

**県級
(2853)**
- 市管轄区（857） ・県級市（369） ・県（1456）
- 自治県（117） ・旗（内モンゴル地域にあり、県に相当する）（49）
- 自治旗（3） ・特区（1） ・林区（1）

**郷級
(40466)**
- 区公所（2） ・鎮（19683） ・郷（12395）
- 蘇木（内モンゴル地域にあり郷に相当する）（106）
- 民族郷（1085） ・民族蘇木（1） ・街道（7194）

第 8 章　行政区分と地方政府制度

117

図解　現代中国の軌跡　中国政治

8.2　地方政府体系

　地方各級政府は、それぞれの国家権力機関（すなわち人民代表大会）の執行機関であり、地方各級における国家行政機関である。

●**地方政府は地方における行政機関**

　地方各級政府は、当該ランクの人民代表大会と1ランク上の国家行政機関の業務を担当し報告を行うとともに、みな国務院に服する。

　県級以上の地方各級政府は当該ランクの人民代表大会の閉会期間、その常務委員会の業務を担当し、報告を行う。

　地方各級政府構成員の任期は5年で、省長・自治区主席・市長・州長・県長・区長・郷長・鎮長が実務を主管する。

　地方各級政府の行政部門は政府が統一的に指導し、省・自治区・直轄市政府の各行政部門は国務院主管部門が業務指導あるいは統率し、自治州・県・自治県・市・市管轄区政府の各行政部門は1ランク上の政府主管部門が業務指導あるいは統率する。

●**地方党委員会による地方政府の指導**

　中国共産党は地方各級に地方委員会（略称、「地方党委」）を設立する。

　地方政府は党の地方執政の担い手であり、主に経済の調整、社会の管理、公共サービスなど具体的な業務上の職能を実行する。地方党委は全体を総覧し、各級の地方政府をリードし、政治的方針の掌握を通して重大事項を決定するとともに、党委・人民代表大会・政府・政協・その他各方面との連携を取り、党のリーダーシップを実現する。

118

地方権力体系および行政区分のランク

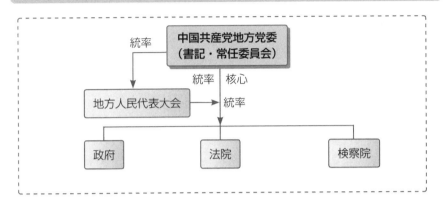

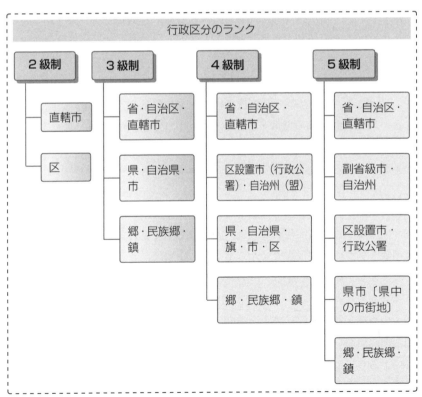

図解　現代中国の軌跡　中国政治

8.3　地方各級人民代表大会

地方各級人民代表大会は地方における国家権力機関である。

●各ランクの地方人民代表大会の概況

県級以上の地方人民代表大会の代表は1ランク下の人民代表大会により選挙される。県・自治県・区非設置市、市管轄区・郷・民族郷・鎮の代表は有権者により直接選挙される。

各ランク地方代表の任期は5年であり、毎年少なくとも1回は会議を開く。

省・自治区・直轄市の人民代表大会は、地方法規を制定公布することができ、全国人民代表大会常務委員会と国務院に報告して記録する。省・自治区政府所在地の市と、国務院の認可を経た大型の市の人民代表大会は、地方法規を制定することができ、省・自治区の人民代表大会常務委員会の承認を経て施行し、なおかつ省・自治区の人民代表大会常務委員会が全国人民代表大会常務委員会に報告して記録する。

●郷・民族郷・鎮の人民代表大会がもつ職権と機構

国の計画に基づき、当該行政区内の経済・文化事業と公共事業の計画を決定すること。当該行政区内の財政予算と予算執行状況の報告を審査・認可すること。当該ランクの人民代表大会主席・副主席などを選挙すること。郷・民族郷・鎮政府の不適切な決定や命令を取り消すこと。公民が私有する合法的財産を保護すること、公民の人身に関する権利、民主的権利およびその他の権利を保障すること。各種経済組織の合法的権益を保護すること。少数民族の権利を保障すること。

郷・民族郷・鎮の人民代表大会は、副主席を1～2人置くことができるが、それは当該ランクの人民代表大会から選ばれ、任期は当該ランクの人民代表大会に等しい。かつ主席・副主席は、その職務から退かなければ国家行政機関の職務を担うことができない。

郷・民族郷・鎮の人民代表大会主席・副主席には、当該ランクの人民代表大会の閉会期間においては、当該ランクの代表と連絡を取り、代表に呼びかけて活動を行い、さらに当該ランクの政府活動に対する代表と民衆の意見・批判・不満を反映する責任がある。

120

地方各級人民代表大会の職権

地方各級人民代表大会に共通した職権

当該行政区内の国民経済・社会発展計画、予算およびその執行状況の報告を審査、認可

当該ランク人民代表大会常務委員会構成員の選挙

当該ランク政府幹部の選挙

当該ランク人民代表大会（常務委員会）の活動報告の聴取、審査

当該ランクの政府が下した不適切な決定・命令の取消

公民が合法的に所有する私有財産の保護

各種経済組織の合法的権益の保護

憲法と法が女性に付与する男女平等、同一労働同一賃金、婚姻の自由などの権利を保障

少数民族の権利を保障

県級以上の地方各級人民代表大会の職権

憲法・法律・行政法規・上級人民代表大会および常務委員会の決議を遵守し執行することを保証、国家計画と国家予算の執行を保証

当該行政区域内の政治・経済・教育・文化などに関する業務上の重大事項についての討論、決定

1ランク上の人民代表大会代表と当該ランクの法院院長・検察院検察長を選挙

当該ランク政府・法院・検察院の活動報告を聴取、審査

当該ランク人民代表大会常務委員会の不適切な決議を改変あるいは取消

郷・民族郷・鎮人民代表大会の職権

憲法・法律・行政法規・上級人民代表大会および常務委員会の決議を遵守し執行することを保証

国家計画に基づき、当該行政区内の経済・文化・公共事業を実施

職権の範囲内で議案を可決、公表

当該行政区域内の民生業務の実施

図解　現代中国の軌跡　中国政治

8.4　地方国家機構構成員の選挙

地方国家機構構成員の選挙は、常規選挙・繰り上げ選挙・補選に分けられる。

●常規選挙

指名：県級以上の地方各級人民代表大会常務委員会の構成員、例えば郷・民族郷・鎮の人民代表大会主席・副主席、省長、自治区主席、市長、法院院長、検察院検察長などは、当該ランクの人民代表大会による選挙で決まるが、候補者の人選は当該ランクの人民代表大会主席あるいは代表の指名による。

もしも指名された候補者数が適度に定数を超過していれば［第2編14.7節では、代表候補者を「5分の1から2分の1」上回る人数としている］、主席団が代表会議にかけた上で選挙を行う。候補者数が上記の数を上回る場合は、主席団が代表会議にかけた上で予選を行い、得票数順で正式候補者名簿を確定し、選挙を行う。

県級以上の地方各級人民代表大会では、当該ランクの国家機関の指導者を交代させる選挙において、候補者の指名と検討に関わる期間が2日を下回ってはならない。

地方各級人民代表大会が当該ランクの国家機関の指導者を選挙するとき、票の過半数を得た候補者の人数が定員を上回った場合、得票数の多い者を当選とする。票数が等しい場合は、対象者で再度決選投票を行い、得票数の多い者を当選とする。票の過半数を獲得した当選者数のみでは定数を満たせない場合、不足分については繰り上げ選挙を行う。

選挙は無記名投票方式を採る。

●繰り上げ選挙と補選

繰り上げ選挙においては、第1回の投票時に得票数の多かった順に候補者を確定するか、別途候補者を確定してもよい。

全国人民代表大会常務委員会の副主任・委員、郷・民族郷・鎮の人民代表大会の副主席、政府の副指導者の繰り上げ選挙においては、1つのポストに複数の候補者を立てる差額選挙を行う。

地方各級人民代表大会が、常務委員会主任・委員、郷・民族郷・鎮の人民代表大会主席・副主席、省長・副省長、自治区主席・副主席、市長などの補欠選挙を行うとき、候補者数は定数を上回ってもよいし、定数に等しくてもよい。

122

各ランクにおける地方国家機関候補者の指名

指名権を有する主体

省・自治区・直轄市
大会主席団／書面連名による 30 名以上の代表

区設市・自治州
大会主席団／書面連名による 20 名以上の代表

県・自治県・市・区
大会主席団／書面連名による 10 名以上の代表

郷・民族郷・鎮
大会主席団／書面連名による 10 名以上の代表

指名対象候補者

＊県級以上の地方各級人民代表大会常務委員会構成員

＊省長・副省長

＊自治区主席、副主席

＊市長・副市長

＊州長・副州長

＊県長・副県長

＊区長・副区長

＊法院院長

＊検察院検察長

＊郷・民族郷・鎮の人民代表大会主席・副主席

＊郷長・副郷長

＊鎮長・副鎮長

第 8 章　行政区分と地方政府制度

図解　現代中国の軌跡　中国政治

8.5　地方国家機構構成員の罷免と辞職

　地方における国家機構構成員の罷免と辞職には、すべて地方各級人民代表大会あるいは常務委員会の審議と承認が必要である。

●罷免

　県級以上の地方各級人民代表大会の会期中では、主席団・常務委員会あるいは10分の1以上の代表の連名によって、当該ランクの人民代表大会常務委員会構成員・政府構成員・法院院長・検察院検察長の罷免案を提出し、主席団を通して大会での審議を要請できる。あるいは主席団の提起により、全体会議の決定を経て調査委員会を組織し、当該ランクの次回人民代表大会において調査委員会の報告に基づき審議、決定を行うことがある。

　郷・民族郷・鎮における代表会議の会期中においては、主席団または5分の1以上の代表が連名して、当該ランクの人民代表大会主席・副主席、郷長・副郷長、鎮長・副鎮長の罷免案を提出し、主席団を通して大会での審議を要請することができる。

●辞職

　県級以上の地方各級人民代表大会の常務委員会構成員と政府の幹部・法院院長・検察院検察長は、当該ランクの人民代表大会に辞職を申し出ることができ、辞職を受理するか否かを大会の決定にゆだねる。大会の閉会期間には、当該ランクの人民代表大会常務委員会に辞職を申し出ることができ、辞職を受理するか否かを常務委員会の決定にゆだねる。常務委員会が辞職を受理すれば、当該ランク人民代表大会に報告・記録される。検察院検察長の辞職は、必ず1ランク上の検察院検察長が当該ランク人民代表大会常務委員会に報告して承認を得なくてはならない。

　郷・民族郷・鎮の人民代表大会主席・副主席、郷長・副郷長、鎮長・副鎮長は、当該ランクの人民代表大会に辞職を申し出ることができ、辞職受理の可否は大会で決定される。

124

地方各級人民代表大会が持つ罷免権

罷免権を行使する主体

罷免対象

県級以上の人民代表大会会期中
* 主席団
* 常務委員会
* 10分の1以上の代表の連名

県級以上
* 人民代表大会常務委員会構成員
* 政府構成員
* 法院院長
* 検察院検察長

郷級の人民代表大会会期中
* 主席団
* 5分の1以上の代表の連名

郷級
* 人民代表大会主席、副主席
* 郷長、副郷長
* 鎮長、副鎮長

罷免権と罷免案

　罷免権とは、有権者あるいは有権者の属する単位が、その選出した人員の職務上の権利を、法によって取り消す権利である。罷免案の提出には以下の条件が必要である。
* 必ず人民代表大会の会期中に提出すること。
* 罷免案の対象は必ず人民代表大会の選挙あるいは常任委員会の任命を経た人員であること。
* 罷免案の提出には法定の人数が必要である。
* 罷免案は必ず書面をもって提出し、罷免の対象・理由・ならびに会議に提供するべき関連資料を明示すること。

図解　現代中国の軌跡　中国政治

9.1　中国少数民族概況

中国には全部で 56 の民族があり、漢族以外に 55 の少数民族がある。

●少数民族の数

中国には、以下の 55 の少数民族がある。モンゴル・回・チベット・ウイグル・ミャオ・イ・チワン・プイ・朝鮮・満・トン・ヤオ・ペー・トゥチャ・ハニ・カザフ・タイ・リー・リス・ワ・シェ・高山・ラフ・スイ・ドンシャン・ナシ・チンポー・キルギス・トゥ・ダウール・ムーラオ・チャン・プーラン・サラール・マオナン・コーラオ・シベ・アチャン・プミ・タジク・ヌー・ウズベク・オロス・エヴェンキ・トーアン・バオアン・ユグル・ジン・タタール・トーロン・オロチョン・ホジェン・メンパ・ローバ・ジーヌオ族。

第 5 次中国国勢調査のデータによると、少数民族人口は 1953 年に 3532 万人、総人口の 6.06％。1964 年 4002 万人・5.76％、1982 年 6730 万人・6.68％、1990 年 9120 万人・8.04％、2000 年 10643 万人・8.41％である。

●少数民族の分布

中国各民族の人口分布の特徴は、広範囲な分散居住、小集落での居住、他民族との混交・雑居である。漢族地区にも少数民族の集落があり、少数民族地区にも漢族が住んでいる。多くの少数民族は居住区を 1 つかそれ以上持ち、また中国各地に分散居住もしている。

西南地方と西北地方は、少数民族が最も集中した地域である。西部の 12 の省・自治区・直轄市には中国少数民族の 70％近くが、辺境の 9 つの省・自治区にも 60％近くが居住している。

中国の経済・社会の発展につれて、少数民族の人口分布範囲も一層拡大し、現在中国の各地域に分散居住する少数民族人口は 3000 万人を超えている。

126

少数民族の人口と主要な集中居住地（1）

民族	人口（人）	主要分布
モンゴル族	5,813,947	内モンゴル自治区・新疆ウイグル自治区・青海省・甘粛省・黒竜江省・吉林省・遼寧省など、また寧夏回族自治区・河北省・四川省・雲南省・北京市などにも分散居住
回族	9,816,805	寧夏回族自治区・甘粛省・青海省・河南省・新疆ウイグル自治区・雲南省・河北省・安徽省・遼寧省・吉林省・山東省および北京市・天津市など
チベット族	5,416,021	チベット自治区・青海省・甘粛省・四川省・雲南省など
ウイグル族	839.94万	主に新疆ウイグル自治区に集住し、湖南省・河南省・広東省・江蘇省・四川省と北京市にも分布
ミャオ族	894.01万	主に貴州省および雲南省・湖北省・広東省・重慶市・四川省・広西チワン族自治区に集住
イ族	776.23万	主に雲南省および四川省・貴州省に集中して居住
チワン族	16,178,811	主に広西チワン族自治区・雲南省文山チワン族ミャオ族自治州に集住、少数が広東省・湖南省・貴州省・四川省などに分布
ブイ族	2,971,460	貴州省および雲南省・四川省
朝鮮族	192.38万	吉林省・黒竜江省・遼寧省および内モンゴル自治区・山東省・広東省・河北省・天津市・北京市
満族	1068.23万	遼寧省および北京市・河北省・内モンゴル自治区・黒竜江省・吉林省
トン族	296.03万	貴州省および広西チワン族自治区・広東省・湖南省・湖北省
ヤオ族	263.74万	広西チワン族自治区および雲南省・広東省・湖南省
ペー族	185.81万	雲南省および湖南省・貴州省
トゥチャ族	570.5万 （1990年）	湖南省および湖北省・重慶市・貴州省
ハニ族	143.97万	雲南省および山東省・江蘇省
カザフ族	125.05万	新疆ウイグル自治区と甘粛省
タイ族	115.90万	雲南省および広東省・四川省
リー族	124.78万	海南省および貴州省・広西チワン族自治区・広東省・浙江省
リス族	57.5万 （1990年）	雲南省および四川省
ワ族	39.66万	雲南省および河南省・山東省・重慶市・四川省
シェ族	70.96万	浙江省・福建省および江西省・広東省・貴州省
高山族	40万前後	台湾
ラフ族	約41万 （1990年）	雲南省
スイ族	40.69万	貴州省および雲南省・広西チワン族自治区
ドンシャン族	51.38万	甘粛省および新疆ウイグル自治区・寧夏回族自治区・青海省

＊2000年国勢調査資料

図解　現代中国の軌跡　中国政治

9.2　少数民族居住区の自治制度

　少数民族居住区の自治とは、国の統一的なリーダーシップの下、少数民族集住区域か、分布が比較的集中している地域に自治機関が設けられ、少数民族による地域自治が行われることである。

●民族区域の自治機関の権力

　少数民族居住区の自治は、民族と地域とが一体化した自治のありかたで、かつ国による統一を原則とする。少数民族自治の実行地域は、すべて領土の一部分として国土と不可分であり、各級自治機関が同時に国の一定ランクの政権機関となる。

　少数民族居住区の自治地域および自治機関は、憲法と民族区域自治法の規定に基づいて自治権を享受し、当該民族と当該地区における事務を管理・決定する権利を享受、その実際情況に基づいて国の法律・法規と政策を執行する自主権を享受する。

　少数民族居住区の自治は中国の民族問題を解決する基本的政策であり、国の重要な政治制度の１つである。少数民族居住区の自治の原則は、国家統一の原則に基づくとともに、各少数民族がその民族内部の事務を管理することを尊重・保障し、各民族間の平等に基づく。

●民族区域自治法

　1984 年、第 6 期全国人民代表大会の第 2 回会議で『中華人民共和国民族区域自治法』が承認され、少数民族居住区の自治制度に関係する立法が基本的に完成した。

　民族区域自治法は憲法が規定している少数民族居住区の自治制度の実施における基本的な法律で、中央と少数民族居住区の関係、また少数民族自治地域における各民族間の関係を規範化し、その法的効力は限られた民族自治地域ばかりでなく、全国に及ぶ。

　2005 年、国務院は『「中華人民共和国区域自治法」実施における国務院の若干の既定』を発表、上級政府が少数民族自治地域を支持し、援助する職責を持つことを規定した。

128

少数民族の人口と主要な集中居住地（2）

民族	人口（人）	主要分布
ナシ族	308,839	雲南省および四川省・チベット自治区
チンポー族	132,143	雲南省
キルギス族	16.08万	新疆ウイグル自治区および黒竜江省
トゥ族	24.12万	青海省および甘粛省・湖南省・広東省・貴州省・雲南省・新疆ウイグル自治区
タウール族	13.24万	内モンゴル自治区・黒竜江省および遼寧省・新疆ウイグル自治区
ムーラオ族	20.74万	広西チワン族自治区・貴州省および広東省
チャン族	306,072	四川省
プーラン族	91,882	雲南省
サラール族	1.70万	青海省・甘粛省および新疆ウイグル自治区
マオナン族	10.72万	広西チワン族自治区および広東省
コーラオ族	57.94万	貴州省および浙江省・広東省・広西チワン族自治区・雲南省
シベ族	18.88万	遼寧省および内モンゴル自治区・吉林省・黒竜江省
アチャン族	3.39万	雲南省
プミ族	3.36万	雲南省
タジク族	3.3223万 （1990年）	新疆ウイグル自治区
ヌー族	27,123 （1990年）	雲南省
ウズベク族	1.24万	新疆ウイグル自治区
オロス族	1.56万	内モンゴル自治区・新疆ウイグル自治区および北京市・河北省・遼寧省・黒竜江省
エヴェンキ族	3.05万	内モンゴル自治区・黒竜江省および北京市・河北省・遼寧省・山東省・広東省
トーアン族	1.79万	雲南省
バオアン族	約1.2212万 （1990年）	甘粛省および青海省
ユグル族	1.37万	甘粛省および青海省・新疆ウイグル自治区
ジン族	18,749 （1990年）	広西チワン族自治区
タタール族	4900	新疆ウイグル自治区および甘粛省
トーロン族	7,400	雲南省および山西省・内モンゴル自治区・遼寧省・山東省・重慶市
オロチョン族	8,200	内モンゴル自治区および黒竜江省・遼寧省・吉林省
ホジェン族	4,600	黒竜江省および吉林省
メンパ族	7,475	チベット自治区
ローバ族	3,000	チベット自治区
ジーヌオ族	2.09万	雲南省

＊2000年国勢調査資料

第9章　民族自治区制度

9.3 民族自治地域の設置

民族自治地域は、少数民族集住地域の人口と面積に従って、自治区・自治州・自治県（旗）の3ランクに分けられる。

●民族自治地域の設置

少数民族が集住する地域には、現地の民族関係・経済発展などの条件とともに歴史的情況をも斟酌し、1つまたは幾つかの少数民族集住区を基礎とする自治地域を設置できる。ある民族自治地域内に、ほかの少数民族も集住する地域では、そのための自治地域あるいは民族郷を設置できる。民族自治地域には現地の実際の情況によって、漢族またはほかの民族を一部含む居住区や、都市部が含まれてよい。

民族自治地域の設置、地域境界線の決定、名称の設定は、1ランク上の国家機関が、関連する地域の国家機関や関連する民族の代表と協議して立案し、法律の規定する手続きに照らして認可を申請する。

自治区の設置は全国人民代表大会が認可し、自治区の区域割や自治州・自治県の設置と区分は国務院が認可する。

民族自治地域およびその区域境界線がいったん決定されたら、法定手続きを踏まない限り取り消したり合併したりできない。取消・合併または変動が必要なことが確実な場合、上級国家機関の関連部門と民族自治地域の自治機関が協議して立案、法定手続きに照らして認可を申請する。

●民族自治地域設置の歴史

民族区域自治地域で最も早期に設置されたのは、1947年の内モンゴル自治区であり、1949年以降、中国政府は少数民族集住地域で全面的に民族区域の自治を推進し始めた。1955年、新疆ウイグル自治区成立。1958年3月、広西チワン族自治区成立、10月、寧夏回族自治区成立、1965年9月、チベット自治区成立。2008年末までに、中国には5つの自治区、30の自治州、120の自治県（旗）を含む、全部で155の民族自治地域が設立された。

少数民族自治地域のランク分け

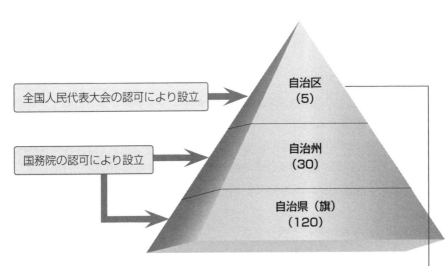

*民族自治地域およびその区域境界はいったん決定されると、法定手続きを踏まない限り、それを取り消したり合併したりできない。

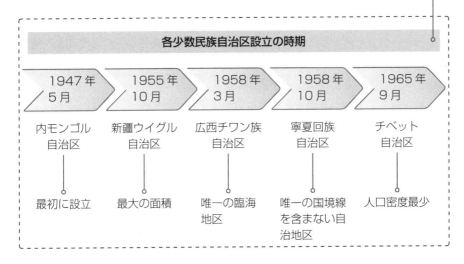

第9章　民族自治区制度

図解　現代中国の軌跡　中国政治

9.4　少数民族自治地域の自治機関

　少数民族自治地域の自治機関とは、少数民族自治地域に設立され、同ランクの
国家機関の職権を行使すると同時に、少数民族自治地域の自治権を行使する国家
機関であり、自治区・自治州・自治県の各級人民代表大会と各級政府を含む。

●少数民族自治機関の性質

　少数民族自治地域の自治機関は国政機関であり、中央政権の指導に服し、同時
にランクが下の国家行政機関に対して指導権を行使する。

　少数民族自治地域の自治機関は一般的な地方国家機関の職権を行使すると同時
に、憲法と民族区域自治法およびその他の法律が規定する権限により自治権を行
使、当該地域の実際情況に基づいて、国の法律と政策を情勢に応じて貫徹、執行
する権利を持つ。

●少数民族自治機関の地位と成り立ち

　各少数民族自治地域の政府はすべて国務院に服する。

　少数民族自治地域の自治機関の組織と業務は、少数民族自治地域の自治条例あ
るいは単独条例によって規定される。

　少数民族自治地域の人民代表大会代表には、地域自治を実行する少数民族の代
表のほか、当該行政区域内に居住する他民族の代表が適正な人数含まれる。地域
の自治を実行する民族とその他の少数民族の代表定数や比率は、省・自治区・直
轄市の人民代表大会常務委員会が決定する。

　少数民族自治地域の人民常務委員会の主任または副主任は、地域の自治を実行
する民族の公民が担うべきである。自治区主席・自治州州長・自治県県長は地域
自治を実行する民族の公民が担う。自治区・自治州・自治県の政府におけるその
他の人員は、地域自治を実行する民族とその他の少数民族とに、合理的な割合で
振り分ける。

　少数民族自治地域の政府が自治区主席・自治州州長・自治県県長の請負制を実
施するときには、当該ランクの政府の業務をそれぞれ分担させる。少数民族自治
地域の自治機関が所属する業務部門の幹部には、地域自治を実行する民族とその
他の少数民族とが合理的な人数で配分されるべきである。

132

少数民族自治地域と少数民族自治機関

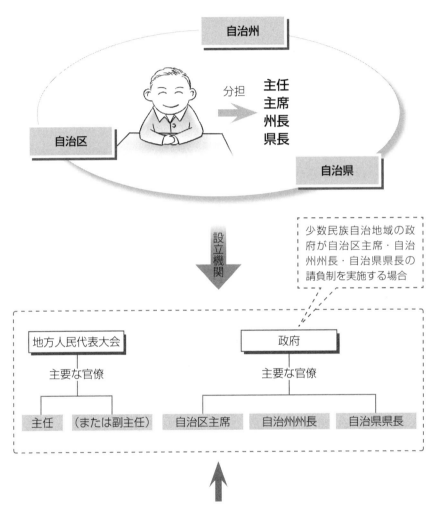

第9章 民族自治区制度

133

図解　現代中国の軌跡　中国政治

9.5　少数民族自治地域の自治

　少数民族自治地域は自治条例と単独条例を制定することができ、財政自主権を持つ。

●自治条例・単独条例の制定と実態に合った法律・政策の執行

　少数民族自治地域の人民代表大会は、当該地域の少数民族の政治・経済・文化上の特徴に照らして、自治条例と単独条例を制定する権利を持つ。

　少数民族自治地域の自治機関は上級国家機関への報告と承認を経て、少数民族自治地域の実際状況に適合しない上級国家機関の決議・決定・命令・指示を、実情に合わせて執行したり停止したりすることができる。当該地域民族の実態により、法律や行政法規の規定を実情に合わせて変更することができる。

●財政上の自主権

　自治機関は自主的に財政収入を配分・使用する権利があり、財政予算を執行するときには超過収入と余剰資金を自主的に配分・使用する権利がある。自治機関が国家税法を執行するときは、国が統一的に審査許可すべき税収の減免項目を除き、減免や免税ができる。

●少数民族の公務員と人材

　政府構成員および所属活動部門の人員は、民族自治を実行している地域の少数民族とその他の少数民族の公民に合理的な比率で配布される。民族自治地域が公務員を雇用するときは、少数民族の受験者に適宜傾斜配分する。民族自治地域の企業・事業単位が人員を雇用するときも、少数民族の人員を優先的に雇用しなくてはならない。

●地方公安部隊の組織と民族言語・文字の発展

　自治機関は国務院の認可を経て、当該地域社会の治安を守る公安部隊を組織することができる。

　自治機関は職務の執行にあたり、当該地域で通用している1種から数種の言語・文字を使用する権利を持つ。同時に複数の通用言語・文字を用いて職務を執行する際、民族自治の当該地域の少数民族の言語・文字を主とすることができる。自治機関は民族言語教育・出版・医薬・スポーツ事業を計画的に発展させる権利を持つ。自治機関は計画出産政策を具体的に運用する権利を持つ。

134

少数民族自治地域の自治権

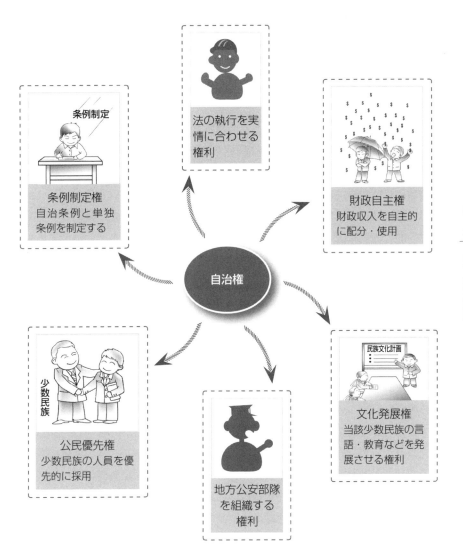

図解　現代中国の軌跡　中国政治

10.1　特別行政区制度

特別行政区は高度な自治を行い、行政管理権・立法権・独立した司法権と最終公判権を行使する。

●特別行政区の基本的権利

特別行政区では社会主義の制度と政策を採らず、従来から保有する資本主義制度と生活方式を50年間保持する権利を持ち、当該地区に永住する住民が、基本法の関連規定に照らして行政機関と立法機関を構成する。

特別行政区の法的地位およびその制度は、憲法と特別行政区基本法の保護を受ける。

●特別行政区が持つ自治権

自治権には以下が含まれる。行政管理権。立法権。特別行政区における全国的法律の部分的な適用。独立した司法権と最終公判権。全人大とその常務委員会および中央政府が与えるその他の権力。

中央政府所属の各部門・各省・自治区・直轄市はみな特別行政区の事柄に干渉してはならない。中国の他地区の住民が特別行政区に入るときは承認手続きを踏まなくてはならず、なかでも特別行政区に入って定住する人数については、中央政府の主管部門が、特別行政区政府の意見を求めた上で確定する。

●中央政府の特別行政区に対する管理

中央政府は特別行政区に関連する外交の管理に責任を負い、外交部は特別行政区に機関を設立し外交事務を処理する。

中央政府は香港特別行政区の国防を担い、軍の駐留費用は中央政府が負担する。中央政府が特別行政区に駐留させる国防担当部隊は、特別行政区の地域的事柄には干渉せず、駐留軍人は全国的な法を遵守するほか、さらに香港特別行政区の法をも守らなくてはならない。特別行政区の政府は必要時には中央政府に、駐留部隊による社会の治安維持と災害救助を要請することができる。

特別行政区の行政長官と行政機関の主要な官僚は中央政府が任命する。

特別行政区の自治権および中央の管理

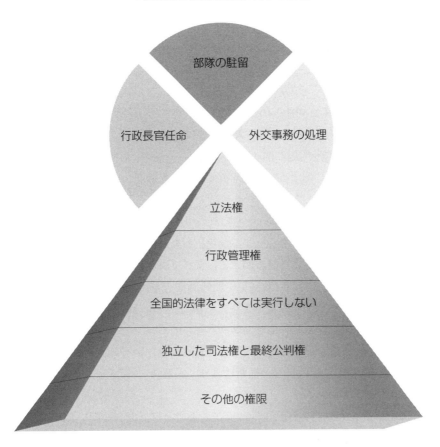

第10章 特別行政区制度

図解　現代中国の軌跡　中国政治

10.2　特別行政区の設立（1）

　現在、中国の特別行政区は香港とマカオのみである。

●香港特別行政区の設立

　1982年、中国政府は声明を発し、以下のように決定した。1997年より香港地区全体を回収し主権を回復するという前提の下、中国は一連の特殊な政策を実行する。政策は以下のことを含む。香港特別行政区の設立、香港在住の中国人による管理、現行の社会・経済制度と生活方式の維持。

　1983年4月、中英が中国の香港回収問題について交渉を開始した。

　1984年5月、「一国二制度」の方針を正式に承認。

　同年、中英は『香港問題に関する共同声明』に署名、中華人民共和国が1997年7月1日から香港に関する主権を回復することを確認。1985年5月27日、『共同声明』が正式に発効した。

　1990年4月、第7期全人代3回会議では、『中華人民共和国香港特別行政区基本法』と『香港特別行政区を設立する決定』および、その他香港回収以後における香港の政治・社会の基本体制に関する法案が可決された。

　1996年12月11日、特別行政区第1期政府推薦委員会は無記名投票で香港特別行政区の初代行政長官に董建華を正式に選出。12月16日、国務院全体会議が所定の形式をもって正式に任命した。

　1997年1月24日、香港特別行政区行政長官が第1期行政会議の名簿を発表。2月21日、国務院は行政長官の推薦により、香港特別行政区政府の第一期主要官僚23名を任命した。

　1996年、香港特別行政区第1期政府推薦委員会は無記名投票により、香港特別行政区臨時立法会議員を選挙・選出し、臨時立法会は第1期立法会の成立をもって活動を終えた。

　1997年7月1日、中国政府は香港に対する主権を回復した。

香港特別行政区の設立

	1982.9	中国政府声明、1997 年香港を回収
交渉	1983.4	中英が中国の香港回復問題について交渉を開始
	1984.12	中英『共同声明』に署名
	1985.5.27	『共同声明』正式発効
計画と準備	1990.4	全人代『中華人民共和国香港特別行政区基本法』と『香港特別行政区を設立する決定』を可決
	1993.7	全人代常任委員会、香港特別行政区準備委員会予備業務委員会を立ち上げ
	1996.1.26	香港特別行政区準備委員会成立
組織と成立	11.2	準備委員会、第 1 期政府推薦委員会を設立
	12.11	推薦委員会、初代行政長官を選出
	12.16	国務院全体会議、行政長官を任命
	12.21	推薦委員会選挙により臨時立法会議員を選出
	1997.1.24	行政長官、第 1 期行政会議名簿を発表
	2.21	国務院、第 1 期政府 23 名の主要官僚を任命
	7.1	

中国政府、香港に対する主権を回復

第10章 特別行政区制度

図解　現代中国の軌跡　中国政治

10.3　特別行政区の設立（2）

香港に次いで、マカオが中国に回帰し特別行政区となった。

●マカオ特別行政区の設立

1986年6月、中国とポルトガルはマカオ問題について交渉を開始した。1987年4月、マカオ問題に関する中国-ポルトガル共同声明に北京で正式調印。1988年1月15日、中国-ポルトガル共同声明発効。1989年2月、中国-ポルトガル共同連絡小組が成立した。

1988年には、第7期全人代1回会議において中華人民共和国マカオ特別行政区基本法起草委員会が成立、マカオ特別行政区基本法の起草を担うことになった。1989年、『中華人民共和国マカオ特別行政区基本法諮問委員会規約』が発表された。

1993年3月、第8期全人代1回会議が『中華人民共和国マカオ特別行政区の設立に関する決定』を承認、1999年12月20日にマカオ特別行政区を設立すると発表。『中華人民共和国マカオ特別行政区基本法』を承認するとともに、1999年12月20日実施を決定。『マカオ特別行政区第1期政府・立法会・司法機関設立方法に関する決定』などの法律を承認した。

1998年5月、全人代マカオ特別行政区準備委員会（以下、「準備委員会」）が成立。11月、準備委員会は相次いで『中華人民共和国マカオ特別行政区第1期政府推薦委員会の具体的設立方法』、『中華人民共和国マカオ特別行政区第1期政府推薦委員会委員守則』などの文書を承認した。

1999年3月、準備委員会第6回全体会議が『マカオ特別行政区第1次政府関連機構と主要官僚職位設置に関する全国人民代表大会マカオ特別行政区準備委員会の意見』を承認、無記名投票により委員会の委員候補推薦者を提出した。

5月15日、何厚鏵がマカオ特別行政区の初代行政長官に当選、24日、北京で中央政府の任命を受けた。8月、行政長官の推薦により、国務院はマカオ特別行政区第1期政府の7名の主要官僚とマカオ特別行政区検察長を任命し、特別行政区政府の組織が完成。12月20日、中国はマカオに対する主権を回復した。

140

マカオ特別行政区の設立

交渉	1986.6	中葡、マカオ問題について交渉
	1987.4	マカオ問題に関する中国 - ポルトガル共同声明、北京において正式調印
	1988.1	中国 - ポルトガル共同声明発効
計画と準備	1988.4	全人代、中華人民共和国マカオ特別行政区基本法起草委員会の設立を決定
	1989.1	『中華人民共和国マカオ特別行政区基本法諮問委員会規約』発表
	1993.3	全人代、『中華人民共和国マカオ特別行政区の設立に関する決定』を承認。『中華人民共和国マカオ特別行政区基本法』を承認
組織と成立	1998.5	全人代、マカオ特別行政区準備委員会を設立
	1998.11	『中華人民共和国マカオ特別行政区第 1 期政府推薦委員会具体的成立規定』を承認
	1999.1	『中華人民共和国マカオ特別行政区初代行政長官推薦者の選出規定』を承認
	1999.5	何厚鏵がマカオ特別行政区初代行政長官に当選
	1999.8	行政長官の推薦に基づき、国務院が第 1 期政府の主要官僚と検察長を任命
	1999.12.20	

中国がマカオに対する主権を回復

図解　現代中国の軌跡　中国政治

10.4　香港特別行政区政府（1）

　香港特別行政区の政府は、行政長官・政府・立法機関・司法機関によって構成される。

●行政長官と行政会議

　行政長官は香港特別行政区の首長であり、同区を代表するとともに、中央政府と香港特別行政区を管轄する。

　香港特別行政区の行政会議は行政長官の政策決定に協力する機構であり、行政長官が主管する。行政会議の構成員は、行政長官が行政機関の主要官僚・立法会議議員・社会各界から選んで委任する。任免は行政長官が決定、任期は委任した行政長官の任期を超えず、なおかつ委任対象は、外国に居留権を持たず香港特別行政区に永住する中国公民に限られる。

　行政長官は以下の場合には必ず行政会議に諮問して意見を求めなくてはならない。重要政策の導入、立法会への法案提出や付属する法規の制定、立法会の解散。ただし、人事の任免や紀律上の制裁、緊急措置はその限りでない。もしも行政長官が行政会議の多数意見に従わないときは、具体的な理由を記録に残さなくてはならない。

●特別行政区政府の構成・職権

　香港特別行政府は政務司・律政司や各局の処・署を設立する。政府機構の主要公務員は、香港に連続して満15年以上居住し、外国に居留権を持たず、香港特別行政区に永住している中国公民が担う。

　政府は立法会を管轄する。立法会が承認し、すでに発効した法律を執行する。定期的に立法会に施政報告を行う。立法会議議員の質疑に回答する。徴税と公共の支出は必ず立法会の承認を得る。

　政府は以下の職権を行使する。政策を決定し執行。各行政事項を管理。中央政府が授権する対外事務を処理。財政予算・決算・付属法規を立案し提出。派遣公務員が立法会に出席し、政府を代表して発言。

　律政司は刑事検察業務を主管し、いかなる干渉も受けない。

142

香港歴代行政長官とその選出

香港歴代行政長官

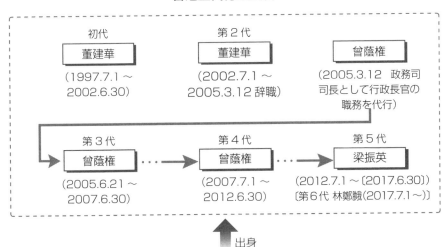

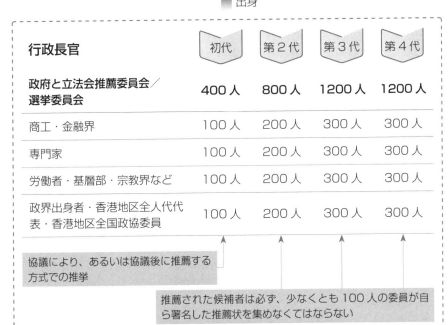

第10章 特別行政区制度

図解　現代中国の軌跡　中国政治

10.5　香港特別行政区政府 (2)

　　立法会は、香港特別行政区の立法機関である。司法機関は、最高法院・高等法院・地域法院・裁判署法廷その他専門法廷から構成される。

●立法機関

　　立法会は選挙で選出される。行政長官が立法会の解散を命じたならば、3か月以内に選挙を行い選出し直さなければならない。

　　立法会は以下の職権を行使する。法律の制定・改正・廃止。政府の提案に基づき、財政予算を審議・承認。税収と公共支出を承認。行政長官の施政報告を聴取し、弁論を行う。政府活動に対し質問を提出する。公共の利益に関わるすべての問題について弁論を行う。最高法院裁判官と高等法院主席裁判官の任免に同意。香港住民の申し立てを受け、処理する。もし立法会の全議員の4分の1による動議があり、行政長官が重大な違法行為または背任行為を犯してなお辞職しないことを告発する場合、調査委員会の調査を経て、立法会は全議員の3分の2以上の賛成で弾劾案を提出、中央政府に報告して決定を仰ぐことができる。

　　立法会主席は立法会議員の互選により選出し、以下の職権を行使できる。会議の主宰。議事日程の決定。休会期間における特別会議の召集。行政長官の要求に応じた緊急会議の招集。

●司法機関

　　香港特別行政区は最高法院・高等法院・地域法院・裁判署法廷その他専門法廷を設立する。

　　裁判官は、地域の裁判官と法律界および他方面の著名人により組織される独立委員会の推薦により、行政長官が任命する。最高法院の裁判官と高等法院の主席裁判官の任命あるいは免職は、必ず、行政長官が立法会の同意を得た上で、全人代常務委員会に報告・記録する。

　　裁判官が職責を果たせないか、不適当な行為をした場合に限り、行政長官は、最高法院主席裁判官が任命した3名以上の同地区裁判官で構成する審議法廷の助言に基づいて、免職することができる。最高法院の主席裁判官が職責を果たせないか、不適当な行為をした場合に限り、行政長官は同地域の裁判官5名以上で構成する審議法廷で審議を行い、その助言を得て免職できる。

144

香港特別行政区行政長官・政府・立法機関・司法機関の関係

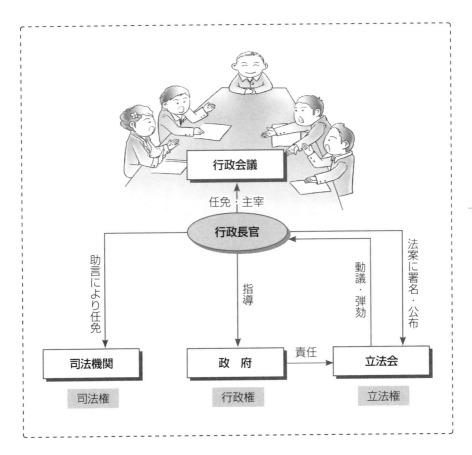

* 香港当別行政区の政体は、「民主集中制を原則として成立した、議会と行政が一体となった制度」とは異なり、三権分立体制の範疇に属するとともに、行政主導の特徴もあるので、「三権分立を基礎とする行政主導制」と言えよう。

図解　現代中国の軌跡　中国政治

10.6　マカオ特別行政区政府（1）

　　マカオ特別行政区の政府は、行政長官・政府・立法会・司法機関によって構成される。

●行政長官と行政会議

　　マカオ特別行政区の行政長官はマカオの首長であり、マカオを代表するとともに、中央政府とマカオとに責任を負う。

　　行政会議は行政長官の政策決定に協力する機構であり、その委員は必ずマカオに永住する中国公民でなくてはならない。行政長官が政府の主要な官僚、立法会議員、社会各界の中から選んで委任し、その任免は行政長官が決定する。

　　行政会議は行政長官が主催し、毎月少なくとも1回開かれる。行政長官は以下の場合必ず事前に行政会議に諮問して意見を求めなくてはならない。重要政策の導入、立法会への法案提出、行政法規の制定、立法会の解散。ただし、人事の任免や紀律上の制裁、緊急措置はその限りでない。

●市政機構

　　マカオ特別行政区は非政治性の市政機構を設立できる。

　　市政機構は政府の委託を受け、住民に文化、健康・娯楽、環境衛生などのサービスを提供するとともに、上述の事柄に関するマカオ特別行政府の諮問に応え、意見を提供する。

●香港との違い

　　マカオ特別行政区は香港特別行政区と基本的に同様で、行政主導、すなわち行政長官主導であるが、具体的な制度には独自の特徴がある。例えば、マカオ特別行政区の行政長官は行政法規を制定し、発令・執行できるが、香港特別行政区の行政長官はその権限を持たない。

歴代マカオ行政長官とその選出

歴代マカオ行政長官

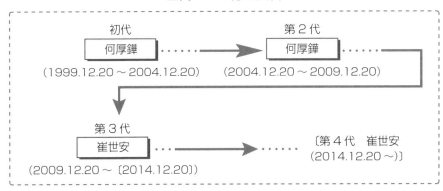

出身

行政長官	初代	第2代より
推薦委員会／選挙委員会	200人	300人
商工・金融界	60人	100人
文化・教育・専門家	50人	80人
労働者・地域公共サービス・宗教界など	50人	80人
元政界人、マカオ地区全人代代表、マカオ地区全国政協委員代表／立法会議員代表、市政機構構成員代表、マカオ地区全人代代表および政協委員代表	40人	40人

推薦委員会の協議、あるいは協議後に推薦する方式による推挙

選挙委員会が行う選挙による

図解　現代中国の軌跡　中国政治

10.7　マカオ特別行政区政府（2）

　　立法会はマカオ特別行政区の立法機関である。司法機関は、初級法院・行政法
院・中級法院・最高法院から構成される。

●立法機関

　　立法会議員はマカオ特別行政区に永住する住民が担い、多くの議員は選挙によ
り誕生する。立法会は、もし行政長官が解散を命じたならば、必ず90日以内に
選挙を行い選出し直さなければならない。

　　立法会は以下の職権を行使する。法律の制定・改正・一時停止・廃止。政府の
提出した財政予算案を審議・可決。政府の提出した予算執行情況報告を審議。政
府の提案に基づき税収を決定、政府の債務を承認。行政長官の施政報告を聴取、
弁論を行う。公共利益上の問題について弁論を行う。住民の申し立てを受け、処
理。立法会議員の3分の1の動議により、行政長官が重大な違法行為または背任
行為を犯してなお辞職しないことを告発した場合、調査委員会の調査を経て、立
法会は全議員の3分の2以上の賛成で弾劾案を提出、中央政府に報告して決定を
仰ぐことができる。

　　立法会の主席・副主席各1名は、立法会議員の互選により選ばれ、かつ、マカ
オ特別行政区の一般住民として連続15年以上マカオに永住する中国公民でなく
てはならない。

●司法機関

　　マカオ特別行政区は初級法院・行政法院・中級法院・最高法院を設けて裁判権
を行使し、最終的な裁判権は最高法院が有する。各級の裁判官は、地域の裁判官、
弁護士、および著名人が組織する独立委員会の推薦により、行政長官が任命する。
基準に適合する外国籍の裁判官も招聘することができる。

　　各級の法院院長は行政長官が裁判官の中から選任する。最高法院院長はマカオ
特別行政区に永住する中国公民が担う。任命と免職は必ず全人大常務委員会に報
告し、記録しなくてはならない。

　　マカオ特別行政区検察院は独立して検察機能を果たし、何者にも干渉されず、
かつ必ず、マカオに永住する中国公民が担う。行政長官が推薦、中央政府が報告
に基づいて、任命する。検察官は検察庁の推薦を受けて行政長官が任命する。

148

マカオ特別行政区行政長官・政府・立法機関・司法機関の関係

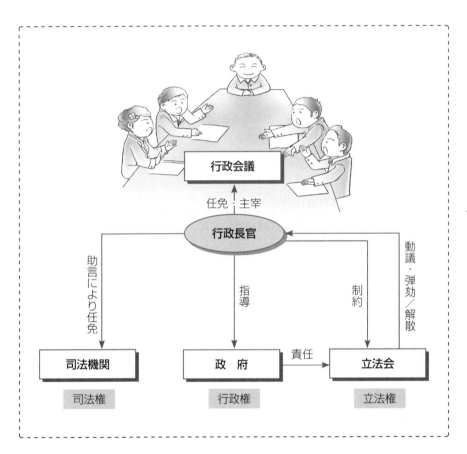

* マカオ特別行政区の政体は中国の人民代表大会制度や元来の総督制とは異なり、また西洋の三権分立でもない。香港基本法を参照して成立した、マカオ独自の特徴を持った行政主導型体制である。

図解　現代中国の軌跡　中国政治

10.8　中央政府の管理と派遣駐在機構

　特別行政区においては、特別行政区政府のほかに、中央政府も派遣駐在機構を
設置して管理を行っている。

●香港マカオ事務弁公室
　国務院香港マカオ弁公室は国務院が香港とマカオを管理するための事務機構で
ある。

●基本法委員会
　全人代常務委員会香港特別行政区基本法委員会（略称、「香港基本法委員会」）
は、全人代常務委員会に従属する実務委員会である。全人代常務委員会マカオ特
別行政区基本法委員会（略称、「マカオ基本法委員会」）は、全人代常務委員会に
従属する実務委員会である。

●中央人民政府駐特別行政区連絡弁公室
　中央人民政府駐香港特別行政区連絡弁公室は、中華人民共和国政府の香港にお
ける最高実務機構である。中央人民政府駐マカオ特別行政区連絡弁公室は、中華
人民共和国政府のマカオにおける最高実務機構である。

●外交部特別行政区特派員公署
　駐香港（マカオ）特別行政区特派員公署は、香港またはマカオ特別行政区に設
立された、香港特別行政区に関連する外交事案を担う機構である。

●中国人民解放軍駐特別行政区部隊
　中国人民解放軍駐香港部隊は、中央政府が香港特別行政区に派遣駐留させ、国
防任務につかせる部隊で、陸・海・空の3軍からなる。この駐留軍は中華人民共
和国中央軍委に従属し、費用は中央の財政が負担する。中国人民解放軍駐マカオ
特別行政区部隊は主に陸軍からなり、補助的に少数の海軍・空軍士官が配置され、
人数は1000人を超えない。駐留軍は中華人民共和国中央軍委に従属し、費用は
中央の財政が負担する。

150

```
┌─────────────────────────────────────────────┐
│    中央による香港マカオ管理と派遣駐在機構        │
└─────────────────────────────────────────────┘

        ┌───────────────┐           ┌─────────────────┐
        │  中央管理機構  │           │ 中央の管理駐在機構 │
        └───────────────┘           └─────────────────┘

     ┌────────┬────────┐        ┌──────────┬──────────┐
  ┌──────┐ ┌──────┐           ┌──────┐   ┌──────────┐
  │ 全人代 │ │ 国務院 │           │ 香 港 │   │ マカオ   │
  └──────┘ └──────┘           └──────┘   └──────────┘
```

全人代常務委員会香港特別行政区基本法委員会

全人代常務委員会マカオ特別行政区基本法委員会

国務院香港マカオ事務弁公室

中央人民政府駐香港特別行政区連絡弁公室

外交部駐香港特別行政区特派員公署

中国人民解放軍駐香港特別行政区部隊

中央人民政府駐マカオ特別行政区連絡弁公室

外交部駐マカオ特別行政区特派員公署

中国人民解放軍駐マカオ特別行政区部隊

第10章　特別行政区制度

151

図解　現代中国の軌跡　中国政治

11.1　幹部と公務員

　「国家幹部」とは、幹部編制に組み入れられ、幹部の待遇を受け、各種公務の
管理業務を行う公職者である。公務員とは、法により公職を履行し、国の行政組
織に組み入れられ、国の財政が給与と福利厚生を負担している実務担当者である。

●幹部

　幹部には以下の 6 種類がある。

　国家機関幹部、すなわち各級人民代表大会および常務委員会・各級政府・各級
法院・各級検察院の業務の指導者と実務担当者。

　中国共産党の幹部、すなわち党の中央と地方各級の委員会およびその所属機構
において、党務に従事する人員および各民主党派の指導者と実務担当者。

　軍隊幹部、すなわち軍隊で排級以上〔人民解放軍の編制は「師・旅・団・営・連・
排・班」であり、排級は日本の「小隊」に相当する〕の軍務にあたる現役軍人。

　社会団体と大衆組織の幹部、すなわち中国の各ランク政治協商会議・工会〔労
働組合〕・共産主義青年団・婦人連合会および各種学会・協会・連合会などの団
体における業務の指導者と実務担当者。

　専業技術幹部、すなわち教育・科学・文化・衛生・財務会計などの専業技術業
務に、専門的に従事する人員。

　企業・事業単位行政幹部、すなわち全民所有制企業〔国有企業〕・国家株式企
業および事業単位において管理に従事する人員。

●公務員

　公務員とは、工勤人員（中国人事局の統一試験を経て事業単位に採用された技
術工あるいは補助工）以外の、共産党機関・人民代表大会機関・行政機関・政協
機関・裁判機関・検察機関・民主党派の機関で働く実務担当者である。また、公
務員法に照らして管理を受けることが承認され、公共の事業管理機能を持つ事業
単位で働く職員（工勤人員を除く）も含まれる。

152

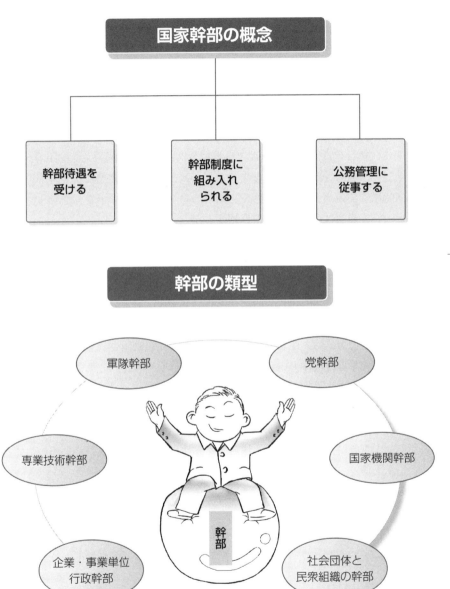

第11章 幹部と公務員に関する制度

図解　現代中国の軌跡　中国政治

11.2　幹部の管理制度

「党が幹部を管理する」ことが中国幹部管理の主要制度であり原則である。すなわち、中国共産党中央および各級地方委員会のみが幹部管理やそれに関する事務を行う権限を有する。

●**中国共産党中央はいかに幹部を管理しているか**

幹部管理業務は中国共産党各級組織部門が統一管理しており、人事行政部門が具体的に執行する。その中では、党中央が幹部業務の路線・方針・政策を統一的に制定し、執行を貫徹する。各級の党委員会は幹部管理の権限と範囲に照らし、一定階層の指導的幹部を直接管理するとともに、国の政権機関に重要幹部を推薦し、同時に幹部業務全体の執行情況を監督・コントロールする責任を負う。

●**各級の党委員会はいかに幹部を管理するか**

各級の党委員会は直接間接に幹部を任免する。主な方式は直接任免で、主に党内幹部の職務に適用される。党が推薦し、人民代表大会が任免する方式は、主に人民代表大会常務委員会構成員・政府構成員・法院院長・検察院検察長、およびその他法律の規定により人民代表大会あるいは人民代表大会常務委員会が手続きを履行することを要する国家機関の実務担当者の任免に適用される。党が推薦し政府が任命する方式は、主に政府部門指導者の任免に適用される。党委員会が関連人員の任免推薦を提案し、政府が任免の手続きを行う方式、あるいは党委員会が推薦するか工場長が指名し、企業の党委員会指導グループの方針決定を経て工場長が任免する方式は、主に企業内の中堅幹部に適用される。

幹部任免手続の中心的プロセスは各級の党委員会が掌握し、まず組織部門の審査があり、党委員会で討論の上、決定する。次に、上級の党委員会に報告して審査と指示を仰ぐ。その後、正式に任命される。

●**その他**

その他、配置転換を通して幹部管理を強化する方法もある。幹部の配置転換とは、幹部管理部門が幹部の従属関係や業務関係を変えることによって、職場や職務を新たに定めることである。幹部の配置転換の範囲は一般に幹部の持つ管理上の権限によって決まる。配置の転換を受ける幹部は、元の業務範囲の制限を受けず、党政機関・企業・事業単位やその他の単位の間で移動できる。

154

幹部管理における主要な問題およびその解決

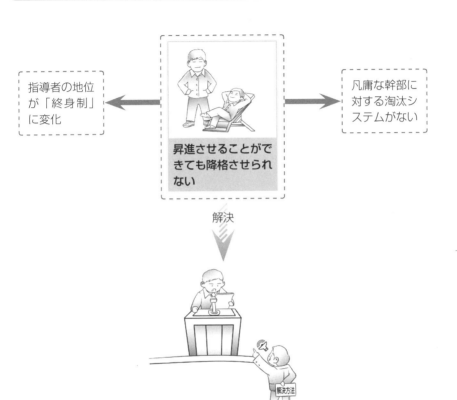

- ☑ 指導的幹部に定年制度を設ける
- ☑ 指導的幹部の職位に任期制を設ける
- ☑ 指導的幹部の引責辞職と辞職命令制を整備
- ☑ 競争システムの導入

第11章 幹部と公務員に関する制度

図解　現代中国の軌跡　中国政治

11.3　公務員の管理制度

公務員制度においても、党が幹部を管理する原則は維持される。

●公務員制度の確立

1984年、『国家機関工作人員法』（後に『国家公務員暫行条例』と改称）が提起され、制定が始まる。1988年、公務員制度推進のため、中央は国家人事部を設けることを決定。

1989年より、中央は前後して、審計署・海関総署・国家統計局・国家環境保護局・国家税務局・国家建材局・ハルピン市・深圳市を公務員制度改革試行地点と定めた。

1993年8月14日、国務院は正式に『国家公務員暫行条例』を発布。この後、『国家公務員暫行条例』の施行に合わせて、数十の具体的法規が次々と実施され、条例を主体とする法規体系を形成、公務員制度が一応確率された。

2005年4月27日、第10期全人大常務委員会第15回会議で『中華人民共和国公務員法』（略称、『公務員法』）が承認され、また2006年1月1日からの実施が決定。公務員制度がほぼ確立された。

●公務員管理の原則

公務員制度では、党が幹部を管理する原則を堅持。

公務員の管理は、公開・平等・競争・優秀者選抜の原則を堅持し、法が規定する権限・条件・基準・プロセスによって行う。

公務員管理は、監督・制限と激励・保障という二重の管理方式を原則とする。

公務員の任用は、能力主義を貫き、才徳兼備を原則に、業務上の実績を重視する。

156

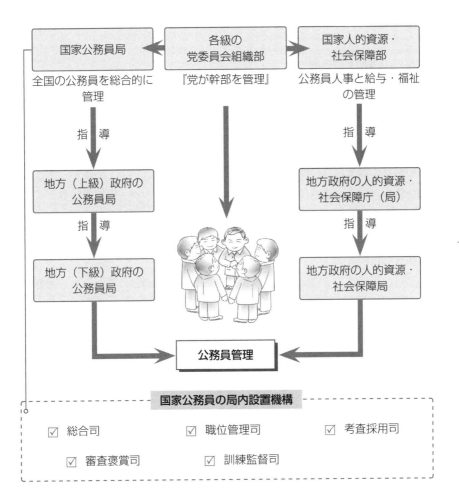

第11章 幹部と公務員に関する制度

＊『公務員法』の既定によれば、中央の公務員主管部門は全国の公務員に対する総合的な管理業務を担い、県級以上の地方各級における公務員主管部門は当該管轄区内の公務員に対する総合的な管理業務を担う。下級の公務員主管部門は、上級の公務員主管部門の指導の下に公務員管理を行う。各ランクの公務員主管部門は同ランクの各機関で働く公務員を管理する。

図解　現代中国の軌跡　中国政治

11.4　公務員の職務上の序列と職位の類別

　公務員の職務は、指導職務と一般職務に分けられ、職位は総合管理類・専業技術類・行政執法類に分けられる。

●公務員の職務上の序列

　指導職務とは各級国家機関中で、組織・政策決定・指揮などを担う職務を指す。機関における指導者の職務階層は以下のように分けられる。国家級正職・国家級副職・省部級正職・省部級副職・庁局級正職・庁局級副職・県処級正職・県処級副職・郷科級正職・郷科級副職。

　一般職務の階層は、庁局級以下に設定されている。

　総合管理類の指導職務は、憲法・関連法律・職務ランク・機構の規格に基づいて確定される。総合管理類の一般職務は以下のように分けられる。巡視員・副巡視員・調査研究員・副調査研究員・主任課員・副主任課員・課員・事務員。

●公務員職位の類別

　公務員の職務は、その職位の性質や特徴と管理上の必要に基づいて、総合管理類・専業技術類・行政執法類などに分けられる。

　総合管理類の職位とは、総合管理および機関内部管理などの職責を行う職位を指す。具体的には、計画・諮問・政策決定・組織・指揮・意見集約・監督および機関内部の管理業務である。最も数が多いのがこの種の職位で、公務員職位の主体である。

　専業技術類職位とは、専業技術の職責を担う者で、公共管理を実施する上で技術的援助と技術的手段による保障を提供する職位である。この種の職位は純粋な技術性（専門の技術そのものにのみ責任を負う）を備えており、代替不可能で技術的な権威を持つなどの特徴がある。

　行政執法類の職位とは、行政機関において監督・処罰・査察など、現場において法律を執行する職責を持つ職位である。この種の職位は純粋な執行性・現場における強制性を特徴とし、主に公安・税関・税務・商工・品質検査・薬品監督・環境保護などの政府部門に集中しており、かつこれらの部門の末端の職場にのみ存在する。

158

公務員の指導職務における級別

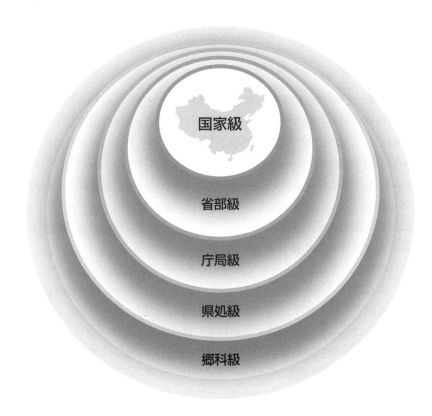

第11章　幹部と公務員に関する制度

＊公務員の職務とランクには対応関係がある。
＊公務員の職務とランクは公務員の給与およびその他の待遇を確定する根拠である。
＊公務員のランク分けの根拠は任務および人格や才能におけるパフォーマンス、業務上の実績とキャリアに基づき確定される。
＊公務員は同一の職務にある間でも、国家の既定に照らして昇級することができる。

図解　現代中国の軌跡　中国政治

11.5　公務員の採用と昇進

　公務員の採用は『中華人民共和国公務員法』の規定に従う。考査と審査を通して選抜された公務員は、主任課員以下およびその他の相応する職務ランクの一般職務に就く。公務員の昇進は法定のシステムによって進める。

●採用

　中央機関およびその直属機構における公務員の採用は、中央の公務員主管部門が責任を持って行う。地方各級に属する機関の公務員は、省級公務員主管部門が責任を持ってまとめて採用し、必要時には省級公務員主管部門が区設置市級の公務員主管部門に授権して行わせる。

　主任課員以下およびその他の相応する職務ランクの一般公務員は、公開の考査と厳格な審査、平等な競争、能力主義により採用する。

　少数民族自治地域の公務員採用では、少数民族受験者に適切に傾斜配分する。

●昇進および昇任前の公示と試用期間の制度

　公務員の昇進方式には、主として競争による昇任と公開選抜がある。

　競争による昇任は、主に中央・国家機関内に設けられた司局級・処級機構の指導者、県級以上の地方各ランクに設けられた機構の指導者に適用され、一般に当該単位あるいは当該部門系列内で行われる。具体的なシステムは以下のとおり。実施方法の制定と発表、推薦と資格審査、筆記試験・面接、民主評価〔党員の相互評価〕・組織審査、党委員会の議論による決定、就任手続き。

　公開選抜方式は、庁局級以下の指導職務あるいは副調査研究員以上、およびその他の相応の職務ランクにおける一般職務に適用される。具体的なシステムは以下のとおり。制定と発表、推薦と資格審査、統一試験、組織審査、その後党委員会の議論による決定。裁判官と検察官の初任者公開選抜は、国家司法試験をパスし、かつ裁判官・検察官の条件を備えた人々からの選抜である。

　公務員が指導的職務に昇進する場合、就任以前に公示制度と試用期間制度を実施する。『就任前公示制』とは、党委員会（党組織）が、昇任あるいは異動が予定される公務員の様々な状況を集団討議し確定した後、期限を定めて発表し、意見聴取を行うこと。『試用期間制度』とは、幹部が試用期間内あるいはその終了後に審査に合格できない場合、関連規定によって異動を行うことである。

指導的職務における昇任のプロセス

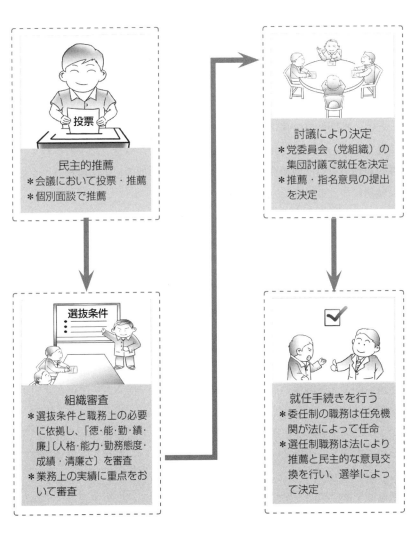

*一般職における昇任のシステムもこれに同じ

図解　現代中国の軌跡　中国政治

11.6　公務員の交流と忌避

　公務員の交流とは、機関が業務上の必要あるいは公務員個人の希望により、機関内部で公務員の職位を調整する、あるいは国有企業・事業単位、人民団体・大衆団体中で公務に従事する人員を交流させる管理活動である。

●転勤制度：転入、異動、職務保留型研修

　公務員の転勤制度には、転入、異動、職務保留型研修がある。

　転入とは、機関外で公務についていたほかの人を、機関に呼び寄せて公務員とすることである。転入は、元公務員の身分を持たなかった人にそれを与え、直接に指導的職務あるいは副調査研究員以上、またその他の相応の職務ランクにおける一般職務につける場合に行われる。

　異動は、公務員内部での交流方式で、公務員としての身分に変化はない。異動当該部門・単位内の異なる職位間でも可能であり、地区や部門を越えて行うこともできる。異動する人員は、就任予定職位に必要な資格と条件を備えていなくてはならず、規定上の編制枠、職数（ある職務ランク上に設置されるポストの数）内に収めなければならない。

　職務保留型研修とは、公務員がほかの機関や、他地域の機関か国有企業事業単位へ行って相応の職務を担い、期間満了の後、元の職場に戻って働くことである。

●忌避制度

　公務員の間で夫婦関係、直系血族関係、3代以内の傍系血族関係および近い姻戚関係がある場合、同一機関で、双方が直接に同一の指導者に属する職務、あるいは上下に直接指導関係がある職務に就いてはならず、そのうちの一方が指導的職務を担う機関で、組織業務・人事・紀律検査・監察・監察・財務の業務に就くことも許されない。

　公務員は、郷級機関・県級機関およびその他の関連部門で主要な指導職務を執るとき、出身地域を避けるべきである。公務員は、公務を執行するにあたって、本人や親族の利害関係に関わることや、その他公正な業務執行に影響するような状況を避けるべきである。

162

公務員の交流

転入
元公務員の身分を持たなかった人が公務員となる

異動
機関内部での転勤で、公務員としての身分には変化なし

職務保留型研修
保留期間が満了すれば、公務員は元の職場に戻る

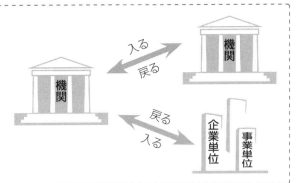

第11章 幹部と公務員に関する制度

図解　現代中国の軌跡　中国政治

11.7　公務員の職務の任免

公務員の職務における任用方式には３種類ある。すなわち選任・委任・招聘であり、その免職方式も任用方式によってそれぞれ異なる。

●職務への任用方式

選任制：任用対象を選挙によって決定する。選任制公務員とは、法律と関連規則に従い、選挙により公務員の職務に就く公務員である。準選任制公務員とは、選挙を経ず、関連する法律の既定により、国家権力機関の採決で任命を承認あるいは決定する公務員である。

選任制公務員（準選任制公務員）は選挙結果が発効するとすぐに職務に就ける。

委任制：任免機関がその任免権の範囲内で直接委任・派遣した実務担当者に一定の職務を担わせること。

招聘制：雇用単位が業務上の必要に基づき、省級以上の公務員主管部門の承認を得、本人の希望、平等、双方合意の上という原則で、招聘受諾者と招聘契約（期間は１～５年）を交わす任用方式である。

●免職

選任制公務員は任期終了後連続して選任されることはなく、職務も自然に解消される。任期内の辞職・罷免・免職の場合も、職務解消される。

『準選任制公務員』が任期を満了しても推薦されないか、任命が決定されない場合、職務は自然に解消される。関連機関が、ある公務員の勤務継続が不適当と認めたときには、必ずしも罷免・免職・辞職などの方法を採らずにその職務を免ずる決定ができる。

委任制公務員の職位が変化（例えば異動・昇任・降格）した場合、元の職務は免じられる。各種の原因により職責を果たせない（例えば定年、離職しての学習が１年以上、健康上の問題で従来の仕事ができない状態が１年以上）場合も、元の職務を免じられる。

164

選任制を適用される公務員の職位

共産党機関

- ＊中央政治局委員・候補委員
- ＊中央政治局常務委員会委員と中央委員会総書記
- ＊中央紀律委員会常務委員と書記・副書記
- ＊地方各級委員会・常務委員会委員と書記・副書記
- ＊地方各級紀律委員会常務委員と書記・副書記
- ＊郷鎮・街道の党委員会書記・副書記
- ＊郷鎮・街道の紀律委員会書記・副書記

代表会議の機関

- ＊全人大常務委員会委員長・副委員長・秘書長
- ＊県級以上の地方各級人民代表大会常務委員会主任・副主任・秘書長
- ＊郷鎮の人民代表大会主席、副主席

行政機関

- ＊地方各級政府の幹部（省長・副省長・自治区主席・副主席・市長・副市長・州長・副州長・県長・副県長・区長・副区長・郷長・副郷長・鎮長・副鎮長）

裁判機関

- ＊最高人民法院院長
- ＊地方各級の人民法院院長

検察機関

- ＊最高人民検察院検察長
- ＊地方各級の検察院検察長

図解　現代中国の軌跡　中国政治

11.8　公務員の審査と懲戒（1）

　審査は、公務員の職務・ランク・給与、および昇進・奨励・訓練養成・解雇の
根拠と参考になる。

●審査の内容

　審査とは公務員主管部門と各機関が管理上の権限に基づいて、一定のプロセス
と方法により、所属公務員の業務に対する資質と、ポストの職責の履行、業務目
標の達成といった状況について行う審査・分析・評価である。

　審査は公務員の職位・職責および担当業務上の任務を基本的根拠とし、公務員
の「徳〔人格〕・能〔能力〕・勤〔勤務態度〕・績〔実績〕・廉〔清廉さ〕」に対し
て全面的に審査する。審査の重点は業務の実績に置かれる。

　「徳」とは職業モラルと社会モラルの遵守状況および個人の人品を指す。「能」
とは業務に対する知識と業務能力である。「勤」とは仕事に対する熱意や使命感、
業務態度のパフォーマンスである。「績」は業務上の実績であり、成し遂げた仕
事の数・質・効果と利益のことである。「廉」とは廉潔と自律の情況である。

　公務員の職階やランクが異なれば、「徳・能・勤・績・廉」審査の重点はそれ
なりに異なる。

●審査の分類

　審査は、平常審査と定期審査に分けられる。平常審査は業務上の実績に重点を
置き、定期審査は平常審査を基礎に行われるが、中国大陸においては、現在まだ
全面的には展開されていない。

　一般公務員の定期審査は、年度審査の方式を採る。まず、個人ごとに職位、職
責、関連する基準に照らして総括を行い、主管する指導者が民衆の意見を聴取し
た後、審査等級を提案し、機関の責任者または権限を授けられた審査委員会が審
査等級を確定する。

　指導者の定期審査は、主管する機関が関連規定に照らして行う。

　定期審査の結果は、優秀・称職〔適任〕・基本称職〔ほぼ適任〕・不称職〔不適
当〕の4ランクに分けられ、結果は書面の形式で公務員本人に通知される。

166

公務員の審査

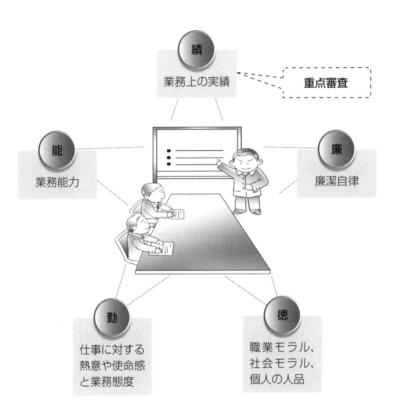

図解　現代中国の軌跡　中国政治

11.9　公務員の審査と懲戒（2）

　公務員の処分は、「警告」・「記過」〔過失を記録する〕・「記大過」〔大きな過失を記録する〕・「降級」・「撤職」〔解職〕・「開除」〔除名〕である。

●公務員の懲戒

　公務員は以下の行為について懲罰を受ける。

　国の名誉を汚す言論を拡散。国家に反対する集会・デモ・示威などの活動を組織、あるいはそれに参加。非合法組織を設立あるいはそれに参加。ストライキを組織あるいはそれに参加。職を軽んずる行為を行う。上級職が法に基づいて下した決定や命令を拒絶。汚職・贈賄・収賄および職務上の便宜を利用して自己あるいは他者の私利を図ること。国家財産を浪費。職権を濫用し、公民・法人あるいはその他の組織の合法的権利を侵害。国家機密や業務上の秘密を漏洩。対外交流中に国の名誉と利益を損なう。淫行・麻薬・賭博などの活動に参与あるいはそれを支持。職業モラルや社会モラルに違反。営利活動に従事あるいは参与し、企業あるいはその他の営利組織の職務を兼任。無断欠勤、あるいは公務での出張・休暇の期間を超えて正当な理由なく帰任しない。その他の規律に違反する行為。

●処分の等級

　公務員の処分は、「警告・記過・記大過・降級・撤職・開除」に分けられる。

　処分を受けている間、「警告」処分の場合、職務と職位ランクを進めてはならない。ただし、給与ランクは上げてよい。「警告」処分以外の「記過」・「記大過」・「降級」・「撤職」処分を受けた場合、職務・ランクを進めてはならないし、給与ランクも上げてはならない。「撤職」処分を受けた場合、職務ランクを下げて新たに職務を確定するとともに、新たな任務にふさわしい職位ランクを確定するべきである。

　公務員が「開除」以外の処分を受けた場合、処分期間中に反省を表明し、かつその後は紀律に背く行為をしていない場合、処分期間満了後は処分決定機関が処分を解除するとともに、書面形式で本人に通知する。処分解除後の給与ランク・職位ランク・職務の上昇は、もはや処分の影響を受けず、その権利・義務は処分を受けたことのない公務員と同等である。しかし、「降級」・「撤職」処分では、解除後も元の職位ランク・職務に復帰したとは見なさない。

公務員の懲戒

公務員の紀律違反を処理するプロセス

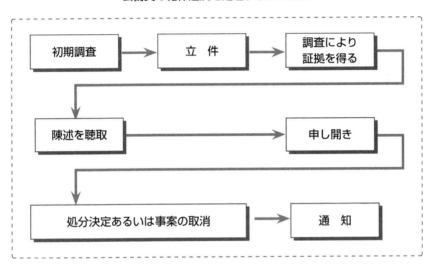

処分の形式と期限

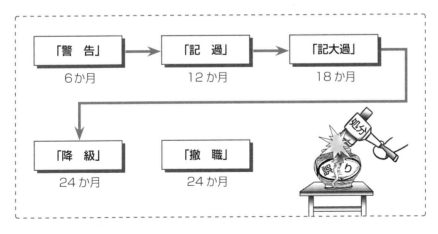

図解　現代中国の軌跡　中国政治

11.10　公務員の辞職

ある種の状況においては、公務員は辞職できない。

●提出と受理

公務員が公職を辞する場合、必ず任免機関に書面で申請する。任免機関は申請を受理した日から数えて 30 日以内に審査と指示を行う。指導者が公職を辞する申請に対しては、申請を受理した日から 90 日以内に審査と指示を行う。

指導的職務を担う公務員が、業務の変動のため、法律の規定に照らし現任の任務を辞する必要があるときは、必ず辞職手続きを行わなくてはならない。

もしも辞職が受け入れられなければ、辞職を申し出た者は従来の職務を継続して行わなくてはならない。

●自発的辞職・引責辞職・辞職命令

指導的職務を担う公務員は、個人的あるいはその他の原因により、自発的に指導的職務を退く提案をしてよい。

指導者が業務上の重大な過失や職務失当により大きな損失をもたらしたり、社会への悪影響を招いたりした場合、あるいは重大事故に指導的責任を負う場合は、指導的職務から引責辞職しなくてはならない。

指導者が、引責辞職するべき事態あるいはその他の原因で、もはや現任の職務にはふさわしくない場合、本人が辞職を申し出なければ、指導的職務を辞職するよう命令できる。

●公務員が辞職を申し出ることのできない状況

公務員が以下の状況の 1 つにあてはまるとき、公職を辞してはならない。

国が定める最低勤務年限を満たしていない。

国家機密に触れるなど特殊な地位にある、あるいは上述の職位を離れると、国が規定する秘密保持期間を満たせない。

重要公務を果たし終えておらず、ぜひ本人が継続処理する必要がある。

監査・紀律審査を受けている、あるいは犯罪の嫌疑を受け、司法プロセスが終結していない。

法律・行政法規の規定により、公職を辞職できないその他の状況にある。

170

公務員の辞職

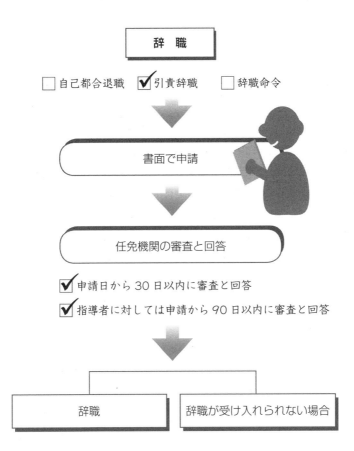

『党政指導的幹部選抜任用業務責任追及規則』（試行）では、引責辞職および辞職命令を受け、免職となった党政指導的幹部は、1年間は新たに元の職務相当の指導的職務に就くことができず、2年間は抜擢もできない。一貫した態度、キャリア、特長などの要素を総合的に考慮して、合理的に業務ポストあるいは相応の任務を与え、同時に相応の職位待遇を確定する。

図解　現代中国の軌跡　中国政治

12.1　共産党の紀律検査機関（1）

　共産党の紀律検査機関は中央と地方各級の党委員会に対して設置された、専門に党の紀律を監督する機関であり、党の紀律を守り腐敗に対抗する職能を持ち、書記責任制を敷いている。

●紀律検査機関の設置

　中央紀律検査委員会（以下、「中紀委」）は党の全国人民代表大会の選挙によって成立し、地方各級および末端の紀委は、地方各級と末端の人民代表大会の選挙により成立する。中紀委は中央委員の指導の下に業務を進め、地方各級紀委と末端紀委は同ランクの党委員会と上級紀委の二重の指導を受けて活動する。

　各級紀律検査機関の任期は同ランクの党委員会の任期に準じる。

●紀律検査委員会の職責：共産党内部の監督

　中紀委は中央委員の指導の下に、また、党の地方各級の紀委と基層紀委は同ランクの党委員会と上級紀委の指導の下に、党内部の監督において以下の職責を遂行する。

　同ランクの党委員会組織に協力して、党内部の監督業務を調整し、党内部の監督業務への督促・検査を指揮・展開する。

　党員の指導的幹部の職責の履行と権力の行使情況に対して監督を行う。

　党の組織と党員が党規約およびその他党内部の規則に違反した場合の、比較的重要あるいは複雑な事案を検査し、処理する。

　同ランクの党委と1ランク上の紀委に対して党内部監督業務の情況を報告し、意見を提出、権限に照らして草案をまとめ、関連する規定と制度を制定し、党紀の擁護に関する決定を行う。

　党組織と党員の党紀違反行為に対する摘発、党員からの告発・訴えを受理、党員の権利を保障する。

172

紀委の地位と権力関係

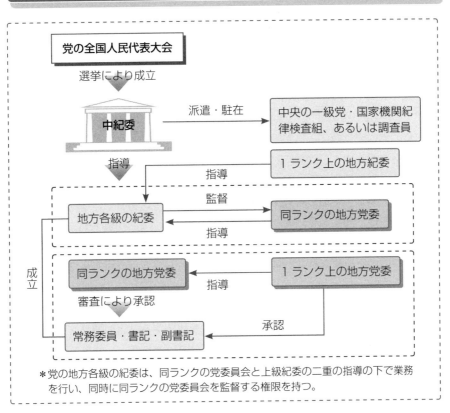

*党の地方各級の紀委は、同ランクの党委員会と上級紀委の二重の指導の下で業務を行い、同時に同ランクの党委員会を監督する権限を持つ。

中紀委歴代書記

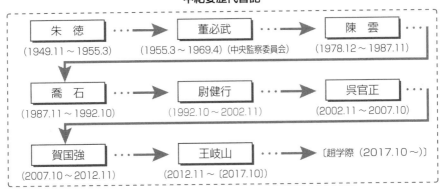

図解　現代中国の軌跡　中国政治

12.2　共産党の紀律検査機関（2）

中紀委は党の最高紀律検査機関である。

●中紀委の成立と任務

1949年、中紀委成立。1955年、中央監察委員会が中紀委に代わる。「文革」期間、党の紀律検査機関は崩壊させられ、第9回党大会で正式に取り消された。1978年、再建。その主要任務は以下のとおり。党の規約その他党内の規則を擁護する、党の委員会による党風強化に協力する、党の路線・方針・政策・決議の執行状況を検査する。党員に対して紀律遵守の教育を行い、党紀擁護に関する決定を行う。党の組織と党員が党規約その他党内規則に反した比較的重要または複雑な案件を検査・処理し、案件に関わる党員の処分を決定あるいは取り消す。党員の告発や申し開きを受理する。業務上の必要に基づき、中紀委は中央一級党・国家機関に紀律検査組または紀律検査員を派遣・駐在させることができ、紀律検査組あるいは紀律検査員は当該機関の党指導グループが行う関連会議に列席できる。

●紀律検査機関の権限と内偵調査のプロセス

紀律検査機関は特別重要または複雑な案件を処理するとき、同ランクの党委員会に関連問題あるいは処理の結果を報告しなければならない。同ランクの党委員会委員に党規約や規則に反する行為を発見した場合、初歩的な証拠固めが許されるが、立件・検査が必要であれば、同ランクの党委員会の許可を得なければならない。常務委員に嫌疑が及ぶ場合は、まず同ランクの党委員会に報告し、さらに1ランク上の紀委の許可も得る。

上級の紀委は下級の紀委の業務を審査する権限を持つとともに、下級の紀委が案件に対して下した決定を承認したり訂正したりできる。もしも訂正するべき下級紀委の決定が、すでに同ランクの党委員会で承認されていれば、その訂正は必ず1ランク上の党委員会の承認を得なくてはならない。

紀委が、同ランクの党委員会の事件処理決定と異なる意見を持つ場合、1ランク上の紀委に再捜査を請求できる。同ランクの党委員会あるいはその構成員に紀律違反を発見、同ランクの党委員会が解決しないか、正しい解決をしない場合は、上級紀委に上訴し、処理に協力するよう要請することができる。

紀委の事件捜査フローチャート

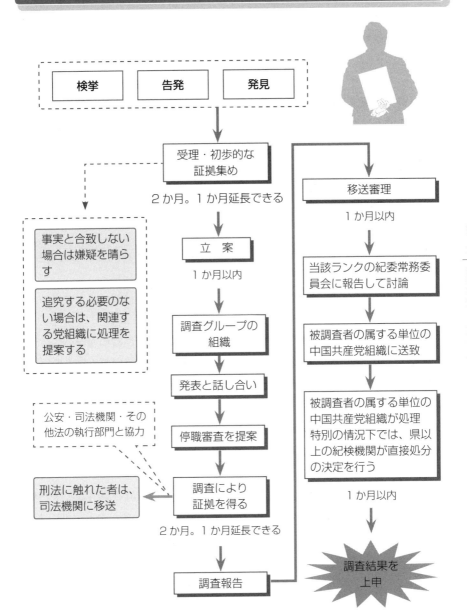

図解　現代中国の軌跡　中国政治

12.3　監察機関 （1）

　行政監察機関とは、各級行政機関が監察機能を行使する機関で、国の行政機関およびその公務員と、国の行政機関が任命するその他の人員について監察を実施する。

●監察機関の地位と特徴

　監察機関とは、各級行政機関が監察機能を行使する機関で、国の行政機関およびその公務員と、国の行政機関が任命するその他の人員について監察を実施する。

　国務院の監察機関（すなわち監察部）は全国の監察業務を主管し、県級以上の地方政府の監察機関は当該行政区内の監察業務を担当し、当該ランクの政府と1ランク上の監察機関に対して報告の義務を負い、監察業務は上級の監察機関の指導が主となる。

　監察機関は、派遣する監察機構と監察人員に対して統一的管理を行うとともに、派遣する監察人員に対し交流制度を実施する。

　監察機関が派遣する監察機構あるいは監察人員は、監察機関に対して責任を負い、業務報告を行う。

　県級以上の地方各級人民政府の監察機関における正職・副職指導者の任命または免職は、決定を申請する前に必ず1ランク上の監察機関の同意を得なくてはならない。

●監察機関の監察対象

　監察部は、国務院の各部門およびその公務員、国務院および国務院各部門が任命したその他の人員、省・自治区・直轄市政府およびその指導者に対して監察を実施する。

　県級以上の地方各級政府の監察機関は、当該ランクの政府各部門およびその公務員、当該ランクの政府および当該ランク政府各部門が任命したその他の人員、1ランク下の政府およびその指導者に対して監察を実施する。

　県・自治県・区非設置市・市管轄区の政府の監察機関は、当該区に所属する郷・民族郷・鎮政府の公務員、および郷・鎮政府が任命するその他の人員にも監察を実施する。

176

行政監察機関およびその監察対象

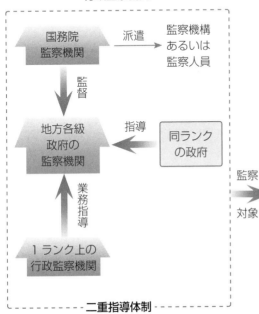

監察機関の指導者は当該ランク政府の関連会議に列席でき、監察人員は観察事項と関係のある被監察部門の会議に列席できる。

図解　現代中国の軌跡　中国政治

12.4　監察機関（2）

　監察機関は、監察対象の法の執行、政治的清廉度、任務達成度に対して監察を行うとともに、一定の権限を有する。

●**監察内容**

　監察機関は、監察対象の、法の執行・政治的清廉度・任務達成度に対して監察を行い、以下の職責を遂行する。

　法律や法規、政府の決定や命令を遵守・執行する過程に潜む国家行政機関の問題をチェックする。

　国家行政機関およびその公務員と国家行政機関が任命したその他の人員に対し、行政上の紀律違反行為の調査と処理を行い、あるいはその種の行為への告訴・告発を受理する。

　国家行政機関の公務員と国家行政機関が任命したその他の人員による、主管行政機関の処分や決定に対する不服申し立て、および法律・行政法規が規定するその他の監察機関が受理した申し立てを受理する。

　法律・行政法規により規定される、監察機関が遂行するべきその他の職責。

　その他、監察機関は政務公開（すなわち政府の業務内容の公開）に協力し、悪風の矯正を担当する。

●**監察機関の権限**

　被監察部門や人員に、監察事項に関する書類・資料・財務帳票およびその他関連材料の提出を求め、閲覧あるいは複製する。被監察部門と人員に監察事項について釈明や説明を求める。被監察部門や人員に法律・法規・行政上の紀律に反する行為をやめるよう命じる。

　その他、監察機関は法に基づいて監察業務上の情報を開示する。実際に現在、中国の監察機関はすでにホームページの開設や、記者会見などの形式で、監察業務の情報を社会に公開している。

178

監察のプロセス

法や命令の執行情況に焦点

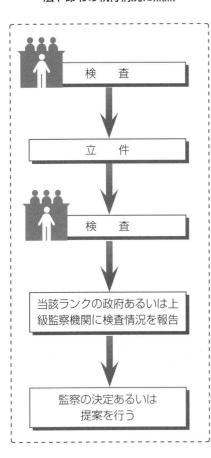

行政紀律に反する行為に焦点

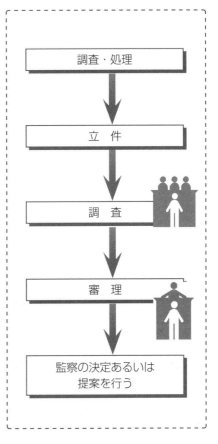

第12章 紀律検査・監察制度

179

図解　現代中国の軌跡　中国政治

12.5　監察機関（3）

　監察機関は、行政上の紀律に違反する行為を調査する場合、一定の措置を採ることができると同時に、監察の提案と決定を行うことができる。

●採用可能な措置

　行政上の紀律に反する行為を証明できる書類・資料・財務帳票およびその他の関連材料を暫時押収、封印する。事件の嫌疑を受けた単位あるいは人員に、調査期間中は事件に関する財物を転売したり移動させたりしないよう命令する。行政紀律違反容疑者に、時間や場所を指定し、調査事項に関わる問題について釈明や説明を命じる。ただし、拘禁あるいは拘禁まがいの行為を行ってはならない。関連機関に対し、重大な行政紀律違反の嫌疑がある人員の職務停止を提案する。

●監察の提案と監察の決定

　監察機関は以下の情況の１つが見られる場合、監察を提案することができる。

　法律・法規の執行拒否、あるいは、法律・法規および政府の決定・命令に対して、正すべき違反がある場合。

　当該級の政府所属部門と下級政府が行った決定・命令・指示が、法律・法規あるいは国の政策に対し、正すべきあるいは撤回すべき違反がある場合。

　国や集団の利益と公民の合法的権益が損なわれ、是正措置が必要な場合。

　採用・任免・賞罰が明らかに不適当で、正す必要があるとき。

　関連する法律・法規の規定に照らして、行政処罰すべきことが明らかなとき。

　公開謝罪の命令、停職した上での検査、引責辞任、辞職命令、免職など問責処理が必要な場合。

　清廉・精勤に関する制度を整備する必要があるとき。

　その他監察の提案が必要なとき。

　下の情況の１つが見られるとき、監察の決定あるいは監察の提案をすることができる。行政上の紀律に違反があり、法律上、「警告」・「記過」・「記大過」・「降級」・「撤職」・「開除」の処分が必要なとき。行政紀律に違反して得た財物に、法律による没収・追徴あるいは賠償が必要なとき。

180

監察機関の権限と採用可能な措置

権限

県級以上の監察機関	＊当該ランクの政府各部門およびその公務員 ＊当該ランクの政府およびその各部門が任命したその他の人員 ＊１ランク下の政府およびその指導者
県級監察機関	当該地区に所属する郷鎮政府の公務員およびそれらが任命したその他の人員

措置

検閲・複製	事件に関する身上調書・資料・帳簿・伝票・会議録・業務メモなどの書類
提供要求	関連組織に、事件に関する身上調書・資料などの書類およびその他必要な情況の提供を要求する
隔離審査	該当者に、決められた日時・場所で事件に関わる問題について説明するよう求める
録音	該当者と関係事項について録音・写真撮影・ビデオ撮影を行う
鑑定上の結論	事件に関係する専門的な問題については、関係各専門機関または人員に鑑定上の結論を要請する
暫時押収 ・初動段階では採用不可	紀律違反行為を証明できる身上調書・資料・帳簿・伝票・物品・違法所得物を暫時押収・封印する
預金の照合 ・初動段階では採用不可	銀行あるいはその他の金融機構における被調査対象の預金を照合し、なおかつ金融機構に暫時支払い停止を通告することができる
その他	その他事件の実情を証明できる一切の証拠の収集

第12章　紀律検査・監察制度

181

図解　現代中国の軌跡　中国政治

12.6　その他の反腐敗機構およびその職責

　中紀委・国家監察部以外にも、反腐敗・反賄賂、反汚職業務を職能とする機構として、国家腐敗予防局・最高人民検察院反汚職賄賂総局がある。

●国家腐敗予防局

　国家腐敗予防局は中国の腐敗予防業務の組織化と協調、総合的な企画、政策設定・検査・指導を担う。企業・事業単位・社会団体・仲介機構・その他社会組織の腐敗予防業務を協調させ、指導する。司法協力、引渡、有罪判決者の移管、刑事訴訟引継、法の執行への協力、合同捜査と特殊捜査の手段などの面で、腐敗予防の国際的協力と国際的援助を展開する。

●最高検察院反汚職賄賂総局

　1995年11月、最高人民検察院は反汚職賄賂総局を設立、国家公務員の汚職や賄賂に関する犯罪事件を担当させることとした。

　その具体的職能は以下のとおり。中国検察機構が行う、汚職や賄賂、公金横領、出所不明の巨額な財産、国外の隠し資産、国有資産の私的流用、没収財産の私物化などの犯罪事件・捜査と予審業務を指導。重大な汚職・賄賂などの犯罪事件の捜査に参与。全国規模の重大な汚職・賄賂などの犯罪事件を直接立件。重大な汚職・賄賂などの犯罪事件の捜査を組織し、協調させ、指揮する。重大な汚職・賄賂などの犯罪事件捜査への協力に責任を負う。汚職・賄賂などの犯罪の特徴としくみを研究・分析し、懲罰対策を提起する。反汚職・賄賂業務における下級人民検察院の難問に回答する。検察の汚職賄賂摘発業務の細則や規則を制定する。

●腐敗予防業務合同会議制度

　2008年、中央腐敗予防工作合同会議が成立。会議は中紀委・最高人民法院・最高人民検察院・国家発展改革委員会・監察部など13の部門と単位から構成され、構成単位による腐敗予防協力を容易にした。

182

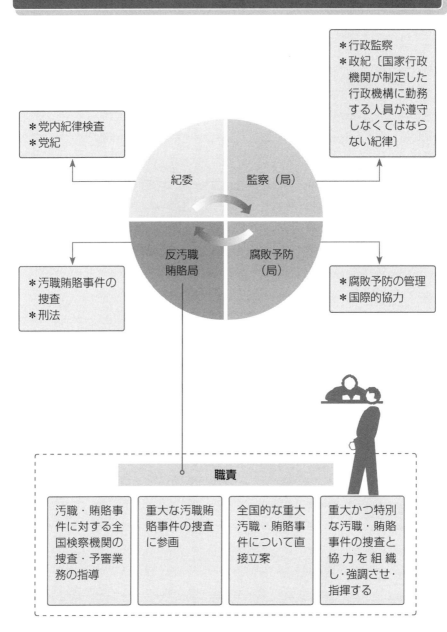

第12章 紀律検査・監察制度

第 5 編
社会における政治生活

- 第 13 章　政治協商制度
- 第 14 章　選挙制度
- 第 15 章　基層自治制度
- 第 16 章　社会団体と大衆組織

図解　現代中国の軌跡　中国政治

13.1　政治協商制度の概要

政治協商制度は中国の基本的政治制度である。

●政治協商制度の性質と位置付け

政治協商制度とは、中国共産党の指導下で、民主諸党派・各人民団体[注1]・各少数民族・社会各界の代表が、中国人民政治協商会議（略称、人民政協）を組織形態として、国政の大方針について民主的協議を行う制度を指す。

政治協商制度は、中国の基本的政治制度であり、党が指導する多党協力と政治協商制度の構成要素であり、民主的政策決定実行の一環である。

●政治協商の内容

各党派・団体、各民族・各界人士が政治協商組織の会議と活動を通じて、国と地方の政治的大方針および政治・経済・文化・社会生活の中の重要な問題、政策決定前および決定策の執行過程における重要な問題について党・政府機関と協議する。

協議の主な内容には次のものを含む。1.　中国共産党全国人民代表大会および中央委員会の重要文書　2.　憲法および重要な法律の改正提案　3.　国家指導者人選の提案　4.　改革開放の推進に関する重要な決定　5.　国民経済と社会の発展についての中長期計画　6.　国家全体に関わる若干の重大な問題　7.　重要文書および重要状況の開示と意見聴取、および民主諸党派と協議する必要のあるその他の重要な問題など　8.　各党派が人民政治協商会議に参加する際の共通の事柄、および統一戦線〔中国共産党とほかの諸党派・団体などとの連携〕に関わるその他の重要な問題。

政治協商の主な内容

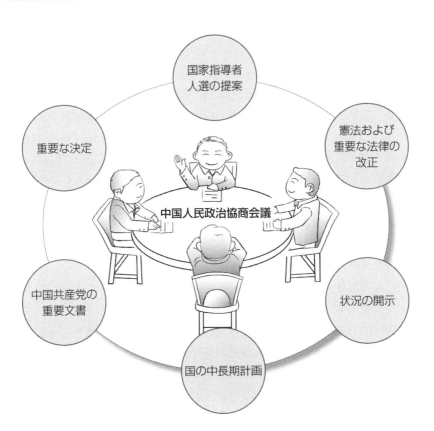

第13章 政治協商制度

政治協商制度の位置付け

* 現代中国の基本的政治制度
* 多党協力と政治協商制度の構成部分
* 中国共産党の執政能力向上の道筋
* 科学的・民主的政策決定の重要な一環

図解　現代中国の軌跡　中国政治

13.2　人民政協（1）

　　中国人民政治協商会議〔以下、人民政協〕は、中国共産党が指導する多党協力と政治協商の重要な機構であり、中国の社会主義民主の重要な形式である。

●設立と発展

　　1949 年、中国共産党・民主諸党派および無党派の人士・各人民団体・人民解放軍・各少数民族・在外華僑・その他の民主活動家の代表で構成される人民政協第 1 回全体会議が北平〔現在の北京〕で開催された。1954 年以降、各省・自治区・直轄市にそれぞれ人民政協の地方委員会が設立された。現在、人民政協は各党派・団体および各民族・各界の代表で構成される統一戦線組織に発展し、その発展のテーマは党の指導下で団結と民主を実行することである。

●政治協商会議の設置と任務

　　人民政協は全国委員会と地方委員会を設置し、政治協商会議規約に則って活動する。その任務は以下のとおりである。

　　委員による視察・参観・調査を実施し、各種社会問題について研究する。国家機関およびその他の関係組織と連係して、政治・法律・経済・教育・科学技術・文化芸術・医薬衛生・スポーツなどの分野で調査研究などの活動を展開し、委員の特長と役割を発揮させる。国家機関の業務改善、清廉な政治づくりの強化に協力する。

　　各方面の人士と連係し、彼らおよび彼らとつながりのある民衆の意見や要求を反映する。国の人材強国戦略と知識分子政策〔知識人の重視〕の徹底的な執行を宣伝し協力する。

　　台湾同胞および各界人士との連係を拡大する。香港・マカオ両特別行政区の同胞との連係と団結を強化する。少数民族の意見や要求を反映する。宗教界の愛国人士および信者を団結させる。帰国華僑・華僑留守家族・在外華僑との連係と団結を強化する。民間外交を展開する。

　　人民政協全国委員会は地方委員会との連係を強化し、状況を知らせ合い、経験を分かち合い、地方委員会が抱える共通の問題を研究する。統一戦線の各方面の関係および政治協商会議の内部協力の重要事項を調整し処理する。

人民政協の職能と設置

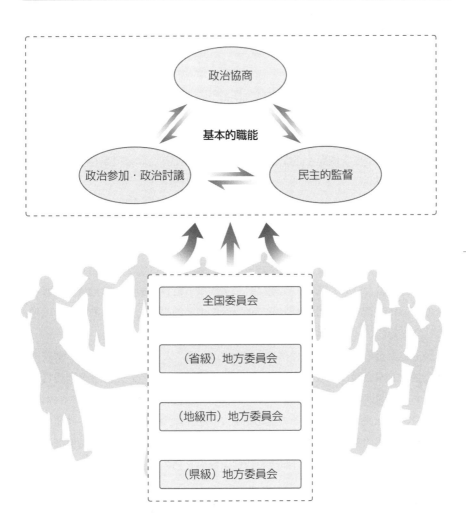

政治協商は人民政治協商会議の主要な職能の1つ

図解　現代中国の軌跡　中国政治

13.3　人民政協（2）

　人民政協の主要な職能は政治協商、民主的監督、参政・議政〔政治参加・政治討議〕である。

●政治協商

　人民政協の全国委員会と地方委員会は、中国共産党・全国人民代表大会常務委員会・政府・民主諸党派・人民団体の提案に基づき、各党派や団体の責任者および各民族・各界人士の代表が参加する会議を開催し、協議を行うことができ、また、関連する重要な問題を上記組織が提出し協議することを提案してもよい。

●民主的監督

　民主的監督は、国の憲法・法律・法規の実施、重要な方針と政策の貫徹執行、国家機関およびその職員の業務に対して、提案と批判を通じて監督を行う。

　政治協商会議の民主的監督は、意見・批判・提案を提出する方法で行われる政治上の監督であり、各党派・団体および各民族・各界人士が政治協商組織を通じて国家機関およびその職員の業務に対し実施する監督であり、政治協商会議における中国共産党と民主諸党派および無党派人士との相互監督でもあり、中国独自の社会主義監督体制の構成要素である。

　民主的監督の主な形式には次のものがある。1.　人民政協全体会議・常務委員会会議・主席会議は党委員会と政府に対し提案を提出する　2.　各専門委員会が提案または関連報告を提出する　3.　委員による視察・提案・通報と大会での発表、社会の実情と民意の反映、その他の形式での批判と提案を行う　4.　共産党委員会と政府の関係部門が組織する調査と検査活動に参加する　5.　政治協商委員は招きに応じて司法機関と政府部門の特約監督員を務める。

●参政・議政

　参政・議政は、政治・経済・文化・社会生活における重要な問題に対し協議と討論を行うものであり、政治協商会議の参政・議政の主な形式には、社会の実情と民意の反映、各種協議例会、各種テーマ別政治討論会、テーマ別シンポジウム、特定問題の調査、委員による視察、現地調査、中国共産党委員会と政府が統一的に組織する検査と巡視への政治協商委員の参与がある。

全国政協〔中国人民政治協商会議全国委員会〕の歴代主席

毛沢東
初代主席　1949.9〜1954.12
第2、3、4期は名誉主席

周恩来
第2期	第3期	第4期
1954.12〜1959.4	1959.4〜1964.12	1964.12〜1978.3

鄧小平
第5期　1978.3〜1983.6

鄧穎超
第6期　1983.6〜1988.4

李先念
第7期　1988.4〜1993.3

李瑞環
第8期	第9期
1993.3〜1998.3	1998.3〜2003.3

賈慶林
第10期	第11期
2003.3〜2008.3	2008.3〜2013.3

兪正声
第12期　2013.3〜〔2018.3〕[注2]

第13章　政治協商制度

191

図解　現代中国の軌跡　中国政治

13.4　政協全国委員会（1）

　中国人民政治協商会議全国委員会〔以下、政協全国委員会〕は民主諸党派・人民団体・各少数民族・各界の代表、香港とマカオ両特別行政区同胞・台湾同胞・帰国華僑の各代表、特別に招請された人士で構成される。

●**政協全国委員会の構成**

　政協全国委員会は、中国共産党・民主諸党派・無党派の人士、中国共産主義青年団・中華全国総工会・中華全国婦女連合会・中華全国青年連合会・中華全国工商業連合会・中国科学技術協会・中華全国台湾同胞聯誼会〔親睦会〕・中華全国帰国華僑連合会の8つの主要人民団体、56の民族と五大宗教団体の代表者、香港とマカオ両特別行政区同胞・台湾同胞・帰国華僑の各代表、およびその他各界を代表する人士を含む。

　政協規約に賛同する党派と団体はすべて、全国委員会常務委員会の同意を経て全国委員会に参加できる。個人もまた、全国委員会常務委員会の招請により全国委員会に参加できる。

　全国委員会の任期は5年である。特別な事情が発生した場合は、常務委員会の全構成員の3分の2以上の多数決により任期の延長ができる。

　全国委員会全体会議は1年に1回開催され、常務委員会が必要と認めたときは臨時に招集できる。

●**政協全国委員会の職権**

　全国委員会全体会議は以下の職権を行使する。1.　人民政協規約を改正し、規約の実施を監督　2.　全国委員会の主席・副主席・秘書長・常務委員を選挙で選出　3.　常務委員会の業務報告を聴取し審議　4.　大会の重要な活動方針と任務の討論および決議　5.　国政の大方針の討論に参加し、提案と意見を提出。

政協第12期全国委員会の概要

主席	兪正声
副主席	杜青林、令計劃、韓啓徳、帕巴拉・格列朗傑(チベット族)、董建華、万鋼、林文漪、羅富和、何厚鏵、張慶黎、李海峰、蘇栄、陳元、盧展工、周小川、王家瑞、王正偉、馬飈、斉続春、陳暁光、馬培華、劉暁峰、王欽敏
秘書長	張慶黎(兼)

政協第12期全国委員会の指導部構成員

政党 (9党派)	中国共産党 中国国民党革命委員会〔民革〕 中国民主建国会〔民建〕 中国民主促進会〔民進〕 中国民主同盟〔民盟〕 中国農工民主党〔農工党〕 中国致公党 九三学社 台湾民主自治同盟〔台盟〕
社会団体 (8団体)	中国共産主義青年団 中華全国総工会 中華全国婦女連合会 中華全国青年連合会 中華全国工商業連合会 中国科学技術協会 中華全国台湾同胞聯誼会 中華全国帰国華僑連合会
各界の人士 (13分野)	文化芸術界 科学技術界 社会科学界 経済界 農業界 教育界 新聞出版界 医薬衛生界 対外友好界 少数民族界 社会福祉および社会保障界 宗教界 スポーツ界
その他	特別に招請された香港人士 特別に招請されたマカオ人士 無党派人士 その他特別に招請された人士

政協第12期全国委員会の構成

第13章 政治協商制度

193

図解　現代中国の軌跡　中国政治

13.5　政協全国委員会（2）

　政協全国委員会は常務委員会を設置して会務を主管し、その他の機構には秘書長および秘書長会議などがある。

●政協全国委員会常務委員会およびその職権

　全国委員会常務委員会は全国委員会の主席・副主席・秘書長・常務委員で構成される。その候補者は政協委員の中から選ばれ、全国委員会に参加する各党派・団体、各民族・各界人士が協議して指名し、全国委員会全体会議で選挙により選出される。主席・副主席・秘書長は主席会議を組織し、常務委員会の重要な日常業務を処理する。

　常務委員会の職権は次のとおりである。1. 規約を解釈し、規約の実施を監督　2. 全体会議を招集、主宰（毎期の第1回全体会議は議長団が主宰）　3. 全国委員会全体会議の決議を執行　4. 全国委員会全体会議の閉会期間に、全国人民代表大会とその常務委員会または国務院に提出する重要な提案を審査・承認し、全国委員会の業務を処理　5. 秘書長の提案に基づいて、副秘書長を任免　6. 業務機構の設置と変更を決定し、その指導者を任免。

●秘書長および秘書長会議

　全国委員会は弁公庁を設置し、秘書長の指導下で業務を行う。秘書長の業務を補佐する副秘書長を若干名設ける。秘書長は全国委員会全体会議の選挙で選出され、常務委員会会議と主席会議に参加し、各専門委員会を調整し、弁公庁の業務を指導する。

　秘書長・副秘書長は秘書長会議を組織し、主席会議の指導下で業務を行う。主な任務は次のとおり。1. 主席・副主席に協力し全体会議などの決議を実施　2. 全体会議・常務委員会会議および協議座談会などの準備と役務の担当　3. 主席会議に提出される各種文書および弁公庁名で出される文書の審議　4. 全国委員会・民主諸党派中央・中華全国工商業連合会の機関に共通する事務と重要な活動計画の討論　5. 地方の各級政協の活動経験と共通する問題の調査研究　6. 国家機関、各党派・団体、地方政協の連係と協力の強化　7. 主席が委任するその他の事項　8. 関係する人事任免事項の審議。

194

政協第 12 期全国委員会の主要業務機構

政協全国委員会

専門委員会
- 提案委員会
- 経済委員会
- 人口・資源・環境委員会
- 教科文衛体〔教育・科学・文化・衛生・スポーツ〕委員会
- 社会・法制委員会
- 民族・宗教委員会
- 港澳台僑〔香港・澳門(マカオ)・台湾・華僑〕委員会
- 外事委員会
- 文史〔文化・歴史〕・学習委員会

対応する →

- 提案委員会弁公室
- 経済委員会弁公室
- 人口・資源・環境委員会弁公室
- 教科文衛体委員会弁公室
- 社会・法制委員会弁公室
- 民族・宗教委員会弁公室
- 港澳台僑委員会弁公室
- 外事委員会弁公室
- 文史・学習委員会弁公室

弁公庁
- 研究室
- 秘書局
- 連絡局（信訪〔投書陳情受付〕局）
- 新聞局
- 外事局
- 人事局
- 機関事務管理局
- 機関党委員会
- 老幹部局
- 人民政協報
- 中国文史出版社
- 中国政協雑誌社
- 情報センター
- 幹部研修センター
- 服務局
- 中協服務開発センター

第13章 政治協商制度

図解　現代中国の軌跡　中国政治

13.6　政協全国委員会（3）

　会議開催は、人民政協の職能履行および政協委員による参政・議政の形式の1つである。

●政協全国委員会の会議

　全国委員会の会議には主に、全体会議・常務委員会会議・主席会議・秘書長会議・専門委員会会議がある。さらに必要に応じて、テーマ別の座談会・専門協議会・状況開示会・論証会・意見聴取会・シンポジウムなどを開催する。

●人民政協が業務を展開する主な方法：提案・視察・特別調査研究

　提案とは、政協委員と人民政協に参加する各党派・各人民団体・政協各専門委員会が政協全体会議または常務委員会に提出するものであり、提案審査委員会または提案委員会による審査・登録を経て、担当部門に渡されて処理される、書面による意見や提案である。提案が提出されると、提案審査委員会・提案委員会は受理した提案を審査し、審査に通ったものは登録される。審査・登録された提案は、その内容と関係部門による仕分けに基づき担当先を確定する。

　視察とは、全体会議閉会期間中に、人民政協が委員を組織し、国の重大方針や政策の完遂、重要なプロジェクトの計画立案、広く民衆に注目される重大な問題の研究と解決に対して行う巡察・現地視察・政策提言の過程および行為である。

　特別調査研究とは、委員が専門委員会に委託し、国の中心的業務の中からテーマを選定して調査研究を行い、意見と提案を提出して、党・政府部門の政策決定の参考に供する過程および形式である。

　人民政協は各党派・団体および各民族・各界人士を組織し、国政の大方針および広く人々に注目される問題について、状況を取りまとめて分析し、党・政府期間と関係部門に意見と提案を伝えて、指導機関の効果的な政策決定を補助する。

　人民政協の対外交流の主な形式は次のとおり。1. 政協指導者と各国の関係機構指導者との相互友好訪問　2. 政協が一部の国の関係機構と関係を構築して交流を展開　3. 国際フォーラムを中国で開催、または海外での開催に出席　4. 中国経済社会理事会と中国宗教界平和委員会の2つの場を通じて交流と協力を展開。

人民政協の活動方法

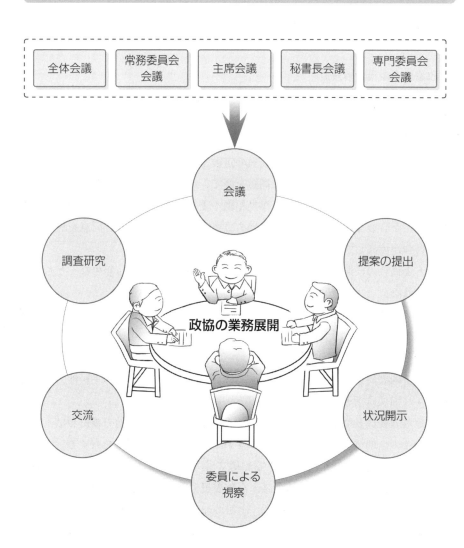

会議開催は、人民政協の職能履行および
政協委員による参政・議政の形式の1つ

第13章 政治協商制度

図解　現代中国の軌跡　中国政治

13.7　政協地方委員会

　条件を満たす地方はすべて、中国人民政治協商会議地方委員会〔以下、政協地方委員会〕を設立できる。

●政協地方委員会の設置

　省・自治区・直轄市は人民政協の省・自治区・直轄市の委員会を設立できる。自治州・区設置市・県・自治県・区非設置市・市管轄区は、条件を満たしていれば、いずれも人民政協の地方委員会を設立できる。

　各期の地方委員会の参加組織、委員の定数と人選および各界別の配置は、前の期の地方委員会主席会議の審議と同意を経て、常務委員会が協議し決定する。

　各期の地方委員会の任期内に、参加組織や委員定数の増加または変更および人選の決定が必要な場合は、その期の地方委員会主席会議の審議と同意を経て、常務委員会が協議し決定する。

　地方委員会の任期は5年である。地方委員会の全体会議は毎年少なくとも1回開催される。

　2008年末時点で、各級の政協地方委員会は3118あり、各級の政協地方委員は63万2000人いる。

●上級と下級の政協間の関係

　政協全国委員会の地方委員会に対する関係および地方委員会の下級地方委員会に対する関係は指導関係である。

　政協地方委員会は全国委員会の全国的な決議に対し、下級地方委員会は上級地方委員会の全地域的な決議に対し、いずれも遵守と履行の義務を有する。

　下級政協組織に対する上級政協組織の指導形式には主に次のものがある 1. 下級政協が上級政協の全体会議・常務委員会会議およびその他の重要な業務会議にオブザーバーとして出席　2. 上級政協が定期または不定期に経験交流会などの会議を招集　3. 上級政協の主席・副主席またはその他の指導者が下級政協を視察し業務を指導　4. 上級政協が下級政協の指導者・政協委員・機関職員を養成　5. 上級政協が一部の需要な問題について下級政協と共同で調査研究を展開。

198

各級政協間の関係

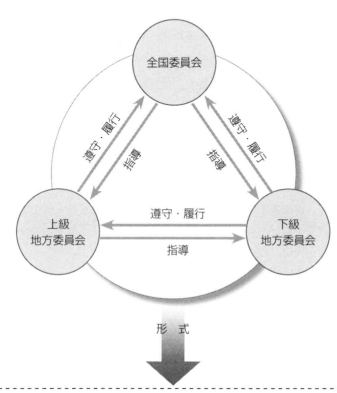

形 式

* 下級政協が上級政協の会議に列席
* 上級政協の指導者が下級政協を視察し業務を指導
* 上級政協が下級政協の指導者・政協委員・機関職員を養成
* 上級政協が一部の需要な問題について下級政協と共同で調査研究を展開

第13章 政治協商制度

図解　現代中国の軌跡　中国政治

13.8　政治協商会議に参加する組織および個人

　「中国人民政治協商会議規約」に賛成するすべての党派と団体は、人民政協全国委員会常務委員会の協議・同意により、全国委員会に参加することができる。個人もまた、人民政協全国委員会常務委員会の協議・招請により、全国委員会に参加することができる。

●参加主体の義務と権利

　参加主体は民衆の願望と要求を理解し反映する義務を有する。

　委員は議決権・選挙権・被選挙権を有する。

　政治協商会議に参加する組織と個人は、以下の権利を有する。政協会議と組織を通じて意見を発表し、国政の大方針および地方の重要な事柄についての討論に参加する権利。国家機関とその職員の業務に対し提案と意見を提出する権利。規律と法律に違反する行為を告発し、調査と検査に参与する権利。政協の業務に対し意見と提案を提出する権利。また、脱退を表明する自由。

●政協委員の選出手順

　個人は、全国または地方委員会の招請により政協委員に就任でき、その選出手順は以下のとおりである。

　指名推薦。各党派中央・各人民団体・無党派人士・各界ごとに協議して全国委員会委員推薦名簿を提出する。全国委員会の地方在住委員は各省・自治区・直轄市が協議し推薦する。地方委員会委員の推薦名簿は地方の各党派・無党派人士・各人民団体・各界ごとに協議して提出する。

　提案名簿の確定。推薦名簿は中国共産党委員会が取りまとめてバランス調整し、各推薦母体と協議した後に提案名簿を作成する。

　審議と承認。委員の提案名簿は主席会議に提出され、その審議と同意を経て、常務委員会が協議して決定しなければならず、常務委員会の採決により承認される。

　公表。常務委員会で採択された委員名簿は、弁公庁（または弁公室）により推薦した組織および委員就任予定者本人にそれぞれ通知され、委員証書が交付され、報道機関を通じて社会に公表される。

200

政治協商会議の参加主体の類型

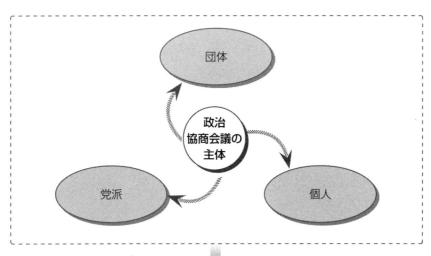

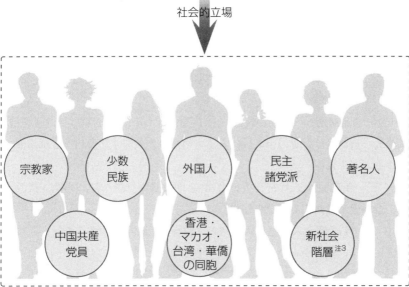

第13章 政治協商制度

図解　現代中国の軌跡　中国政治

14.1　中国の選挙制度

現代中国の選挙制度は、新民主主義革命期〔1919 年の五四運動から 49 年の新中国成立まで〕の各革命根拠地における選挙制度から発展したものである。

●**現代中国の選挙制度の形成**

1953 年、中央人民政府委員会第 22 回会議は「中華人民共和国全国人民代表大会および地方各級人民代表大会選挙法」（略称、「選挙法」）を可決し、各省は 80 万人ごとに 1 人、直轄市と人口 50 万人以上の省轄市〔省または民族自治区の管轄する市〕は 10 万人ごとに 1 人の割合で代表を選出して、全国人民代表大会〔以下、全人代〕の代表を選挙することを規定した。これは現代中国の選挙制度が正式に形成されたことを示している。

●**現代中国の選挙制度の発展**

1979 年、第 5 期全人代第 2 回会議が新たに改正された選挙法を可決し、直接選挙・間接選挙を問わず、いずれも差額選挙〔候補者数が代表定数を上回る選挙〕を実施すべきであると規定。

1982 年、第 5 期全人代第 5 回会議が「選挙法」のいくつかの規定に対し、第 1 次改正を実施。

1986 年、第 6 期全人代常務委員会第 18 回会議が「選挙法」の第 2 次改正を行い、全人代の定数が 3000 人を超えないよう規定。

1995 年、第 8 期全人代常務委員会第 12 回会議が「選挙法」の第 3 次改正を行い、全国の省・自治区ランクの全人代代表 1 人当たりが代表する農村部と都市部の人口比率を 4 対 1 に統一。

2004 年、第 10 期全人代常務委員会第 12 回会議が「選挙法」の第 4 次改正を行い、選挙違反に対する制裁を強化。

2010 年、第 11 期全人代第 3 回会議が「選挙法」の第 5 次改正を行い、全人代の代表定数は、代表 1 人当たりが代表する都市部と農村部の人口を同一にする原則に基づき配分することを規定。また、「いかなる組織または個人も、いかなる方法によっても、有権者または代表の選挙権の自由な行使に干渉してはならない」と規定。

202

各時期の選挙法の主な規定の対比

	人民代表大会代表の都市部と農村部の同一人口数に対する比率	候補者の紹介方法
1953	（全人代代表の定数）8 対 1	（未規定）
1979	・全国人民代表大会代表 8 対 1 ・省級人民代表大会代表 5 対 1 ・県級人民代表大会代表 4 対 1	さまざまな方法で代表候補者を宣伝できる
1982	特殊な状況では、県級人民代表大会代表は 4 対 1 より低くてもよく、1 対 1 まで可能	代表候補者を推薦する党派、団体または有権者は、有権者グループ会議で推薦する代表候補者のプロフィールを紹介できる
1986		・選挙委員会または人民代表大会主席団は有権者または代表に代表候補者のプロフィールを紹介しなければならない ・代表候補者を推薦する政党・団体および有権者・代表は有権者グループまたは代表グループの会議で推薦する代表候補者のプロフィールを紹介できる
1995	4 対 1	
2004		選挙委員会は代表候補者と有権者が会見し、有権者の質問に回答する場を設けることができる
2010	1 対 1	

＊1979 年以前は、郷・鎮・市管轄区・区非設置市および郷・鎮は、県の人民代表大会の選挙に出席し、挙手または無記名投票を実施。

＊県以上の各級人民代表大会は無記名投票を実施。

＊1979 年以降、一律に無記名投票かつ差額選挙を実施。これについては、それまで規定されていなかった。

図解　現代中国の軌跡　中国政治

14.2　選挙指揮命令機構

　中国の各級人民代表大会は各級選挙を担う指揮命令機構であり、選挙委員会は
直接選挙の指揮命令を担う機構である。

●各級選挙指揮命令機構

　全人代常務委員会は全人代代表の選挙を主管する。

　省・自治区・直轄市・区設置市・自治州の各級人民代表大会常務委員会は当該
ランクの人民代表大会代表の選挙を主管し、かつ、その行政区域内の県級以下の
人民代表大会の選挙業務を指導する。

　県級以上の各級地方人民代表大会が、1ランク上の人民代表大会代表を選挙す
る際には、当該ランクの各人民代表大会主席団が主管する。

　区非設置市・市管轄区・県・自治県・郷・民族郷・鎮は選挙委員会を設立し、
当該ランクの人民代表大会の選挙を主管し、その委員は当該ランクの人民代表大
会常務委員会が任命する。ただし、郷・民族郷・鎮の選挙委員会の委員は、区非
設置市・市管轄区・県・自治県の人民代表大会常務委員会が任命する。

●選挙委員会の職責

　選挙委員会は直接選挙の指揮命令を担う機構であり、以下の職責を履行する。
1. 選挙区の区割り、選出すべき代表定数の配分　2. 有権者の登録、有権者資格
の審査、有権者名簿の公布　3. 有権者名簿に対する異議申し立ての受理と決定
4. 選挙日の確定　5. 代表候補者のプロフィールの把握と事実確認および紹介の
手配　6. 多数の有権者の意見に基づき、正式な代表候補者名簿を確定し公布
7. 投票選挙を主管　8. 選挙結果が有効か否かを確定し、当選者名簿を公布
9. 選挙中の違法行為に対する告発や告訴の受理および処置と回答の実行。

204

選挙機構と業務フロー

各級選挙の指揮命令機構

階層	主管選挙機構	指揮命令選挙機構	指導選挙機構
全国	全国人民代表大会		
省級	省級人民代表大会		
市（州）級	市級人民代表大会		
県（区）級	選挙委員会	＊当該ランク人民代表大会常務委員会 ＊当該ランク人民代表大会常務委員会が選挙委員会の委員を任命	省級人民代表大会常務委員会
郷・鎮級	選挙委員会	＊県級人民代表大会常務委員会 ＊県級人民代表大会常務委員会が選挙委員会の委員を任命	省級人民代表大会常務委員会

第14章　選挙制度

業務フロー

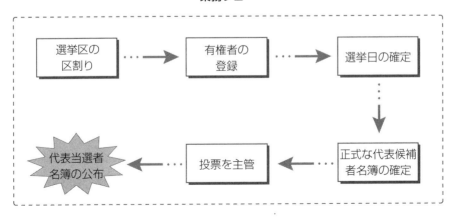

図解　現代中国の軌跡　中国政治

14.3　選挙区、選挙単位、有権者（1）

　選挙区は直接選挙で有権者が人民代表大会代表を選挙する基本単位である。選挙単位により選出された人民代表大会代表または当該ランクの国家政権機関の構成員は、自身を選出した人民代表大会に対し責任を負うべきであり、直接有権者に対し責任を負うのではない。

●選挙区

　中国では、区非設置市・市管轄区・県・自治県・郷・民族郷・鎮が、県・郷級人民代表大会代表を選挙するときのみ、選挙区を区割りする。

　選挙区の区割りは県・郷級人民代表大会の同時選挙の第一歩である。区割りの基本原則は、県・郷級人民代表大会の選挙業務の同時展開、有権者の選挙活動への参加と候補者への理解、代表と有権者との連係、選挙活動の展開、監督の受け入れに資することである。

　選挙区の区割りは、有権者の選挙への参加、代表が当選した後の活動などに直接影響を及ぼしている。実務上、中国本土では、農村部は居住状況に基づいて選挙区を区割りすることが多く、都市部は勤務先に基づいて区割りすることが多いが、居住状況に基づいて区割りしてもよい。

●選挙単位と選挙区の違い

　選挙単位とは、間接選挙において、1ランク上の国家権力機関構成員および当該ランクの国家政権機関構成員を法に則り選出する単位であり、すなわち県級以上の各級人民代表大会を指す。

　選挙区との相違点は主に、選挙単位を構成する人員が当該ランクの人民代表大会代表のみに限られること、選出された1ランク上の人民代表大会に出席する代表または当該ランクの国家政権機関構成員は、自身を選出した人民代表大会に対し責任を負うべきであり、直接有権者に対し責任を負わないことにある。

　選挙区は有権者により構成され、当該選挙区で選挙に参加する人はみなその選挙区の有権者である。代表は有権者に対し責任を負い、有権者の監督を受けなければならない。有権者と直接連係し、有権者の意見を聴取して上層部に伝え、有権者には活動を報告し、有権者の質問に回答しなければならない。有権者は自分が選出した代表を監督および罷免する権利を有する。

206

選挙区の区割り

農村部

県級人民代表大会の代表選挙
村単位で選挙区を区割り

郷・鎮級人民代表大会の代表選挙
村民小組〔村民委員会の下に設置される自治組織〕
単位で選挙区を区割り

--------- 線引き -

独立選挙区
1つの生産（業務）単位または
1つの居住地域を1選挙区とする

連合選挙区
複数の生産（業務）単位を合併して
1選挙区とする

混合選挙区
1つの居住地域といくつかの生産（業務）単位を
合併して1選挙区とする

都市部

実務上、農村部は居住状況に基づいて選挙区を区割りすることが多く、都市部は勤務先に基づいて区割りすることが多いが、居住状況に基づいて区割りしてもよい。

図解　現代中国の軌跡　中国政治

14.4　選挙区、選挙単位、有権者（2）

選挙権を有する公民を有権者と呼ぶ。

●選挙権と被選挙権の取得

選挙権と被選挙権は公民の最も基本的で重要な権利の1つである。中国で選挙権と被選挙権を取得するには以下の条件を満たす必要がある。

（1）中国公民の身分を有すること。公民の身分を認定する唯一の条件は国籍の取得である。以下の条件に合致する者は自動的に中国国籍を取得できる。1．父母の双方または一方が中国公民であり、本人の出生地が中国である者　2．父母の双方または一方が中国公民であり、本人の出生地が国外である者　3．父母の双方または一方が中国公民であるが国外に居住しており、本人が出生時に外国国籍を有していない者　4．父母が無国籍または国籍不明であるが中国に定住し、本人が中国で生まれた者。

（2）満18歳以上であること。

（3）政治上の権利を有していること。法律に基づき政治上の権利を剥奪された者は選挙権と被選挙権がない。

●有権者登録

有権者登録は公民の選挙権に対する国の認定であり、公民が有権者資格を取得する基本的手続きである。選挙権を有する公民は、有権者登録手続きを行わなければ、その有権者資格を認定されず、選挙に参加できない。有権者証により投票を実行する者には、有権者証を発行しなければならない。

有権者登録は選挙区に基づいて行われ、登録により認定された有権者資格は長期にわたり有効である。有権者名簿は選挙日の20日前に公布しなければならない。

公布された有権者名簿に対し異議がある場合は、有権者名簿公布日から5日以内に選挙委員会に申し立てをすることができる。選挙委員会は申し立てられた意見に対し、3日以内に処理し決定を下さなければならない。申立人がその決定に不服であれば、選挙日の5日前に法院に提訴でき、法院は選挙日の前に判決を下さなければならず、その判決が最終決定となる。

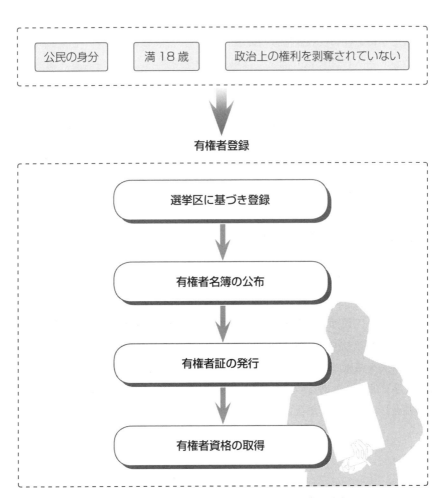

* 選挙権を有する公民で、有権者登録を行わない者は、選挙に参加できない。

図解　現代中国の軌跡　中国政治

14.5　代表候補者

代表候補者は直接選挙の代表候補者と間接選挙の代表候補者とに分かれる。

●**直接選挙における代表候補者の提示**

各政党・各人民団体は共同または単独で代表候補者を推薦できる。10 人以上の有権者の連名によっても代表候補者を推薦できる。この 2 種類の法定推薦者が推薦する候補者だけが代表候補者になることができる。

選挙区に基づき代表候補者を指名選出し、当該行政区域内の各選挙区の代表 1 名が代表する人口をほぼ同じにすべきであり、1 選挙区当たり 1 名から 3 名の代表を選出する。

差額選挙を実施し、代表候補者の数は選出すべき代表定数より 3 分の 1 から倍多くすべきである。

●**間接選挙における代表候補者の提示**

代表候補者は選挙単位に基づいて指名選出される。

地方の各級人民代表大会が 1 ランク上の人民代表大会代表を選挙する場合、代表候補者は当該各級人民代表大会の代表に限らない。

各政党、各人民団体は共同または単独で代表候補者を推薦できる。10 人以上の代表の連名でも代表候補者を推薦できる。

差額選挙を実施し、代表候補者の数は選出すべき代表定数より 5 分の 1 から 2 分の 1 多くすべきである。すなわち、間接選挙の差額比率〔候補者数が定数を上回る割合〕は 5 分の 1 から 2 分の 1 である。

210

直接選挙と間接選挙において選挙権を有する主体

直接選挙
- 選挙権を有する公民

間接選挙
- 県級以上の各級人民代表大会代表
- 団〔連隊に相当〕クラス以上の軍の人民代表大会代表
- 特別行政区の全人代代表選挙会議の構成員
- 台湾省の全人代代表選挙協商会議の構成員

直接選挙と間接選挙の代表候補者の提示

＊各政党・各人民団体は共同または単独で代表候補者を推薦できる。10人以上の有権者の連名でも代表候補者を推薦できる。

＊各政党・各人民団体は共同または単独で代表候補者を推薦できる。10人以上の代表の連名でも代表候補者を推薦できる。

第14章 選挙制度

図解　現代中国の軌跡　中国政治

14.6　直接選挙

　直接選挙とは有権者が直接投票で国家代議機関の代表および国家公務員を選出する選挙を指す。

●選挙のプロセス

　選挙委員会が正式代表候補者名簿を確定する。正式代表候補者名簿および候補者の基本プロフィールは選挙日の7日前に公布されなければならない。

　有権者は身分証または有権者証に基づき投票用紙を受領する。

　選挙委員会が投票所を設置し、選挙を行う。

　選挙は無記名投票方式を採用し、選挙の際は秘密保持できる投票用紙記入所を設けなければならない。

●選挙の結果

　投票終了後に、有権者が選出した投票監視員・集計係・選挙委員会職員が投票者数と票数を照合し、記録して、投票監視員がサインする。

　選挙区の全有権者の過半数の投票参加により、選挙は有効となる。代表候補者は投票に参加した有権者の過半数の票を獲得した者から当選していく。

　過半数の票を獲得した代表候補者の数が選出すべき代表定数を超えた場合は、得票数の多いものを当選とする。得票数が同じで当選者を確定できない場合は、得票数が同じ候補者について再投票を行い、得票数の多いものを当選としなければならない。

　過半数の票を獲得した当選者の数が選出すべき代表定数より少ない場合は、定数に満たない分の選挙を改めて実施する。別途選挙を行うときは、1回目の投票時の得票数の多い順に、差額比率に従って、候補者名簿を確定する。もしも1人だけ選出するのであれば、候補者は2人とすべきである。代表候補者は得票数の多い者を当選とするが、得票数は投票数の3分の1未満であってはならない。

　選挙結果は、選挙委員によって有効か否かを確定し、公表される。

212

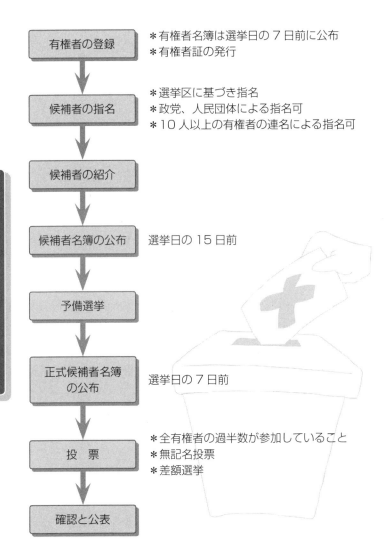

図解　現代中国の軌跡　中国政治

14.7　間接選挙

　間接選挙とは、有権者が直接投票して選出するのではなく、1ランク下の国家代議機関、または選出された代表（もしくは有権者）により1ランク上の国家代議機関の代表および国家公務員を選出する選挙を指す。

●選挙のプロセス

　全国人民代表大会の代表、省・自治区・直轄市・区設置市・自治州の各級人民代表大会の代表は、1ランク下の人民代表大会の選挙により選出される。

　間接選挙は各級人民代表大会主席団が主管する。

　差額選挙を実施し、代表候補者の数は選出すべき代表定数より5分の1から2分の1多くすべきである。

　無記名投票を実施し、選挙の際は秘密保持できる投票用紙記入所を設けなければならない。

●選挙の結果

　投票終了後に、代表が選出した投票監視員・集計係・人民代表大会主席団職員が投票者数と票数を照合し、記録して、投票監視員がサインする。

　会議に出席した代表の人数が代表全体の半数を超えなければ、選挙は実施できない。代表候補者は代表全体の過半数の票を獲得した者から当選していく。

　過半数の票を獲得した代表候補者の数が選出すべき代表定数を超えた場合は、得票数の多いものを当選とする。得票数が同じで当選者を確定できない場合は、得票数が同じ候補者について再投票を行い、得票数の多いものを当選としなければならない。

　過半数の票を獲得した当選者の数が選出すべき代表定数より少ない場合は、定数に満たない分の選挙を改めて実施する。別途選挙を行う際は、1回目の投票時の得票数の多い順に、差額比率に従って、候補者名簿を確定する。もしも1人だけ選出するのであれば、候補者は2人とすべきである。代表候補者は得票数の多い者を当選とするが、得票数は投票数の3分の1未満であってはならない。

　選挙結果は、大会主席団によって有効か否かを確定し、公表される。

214

間接選挙のプロセス

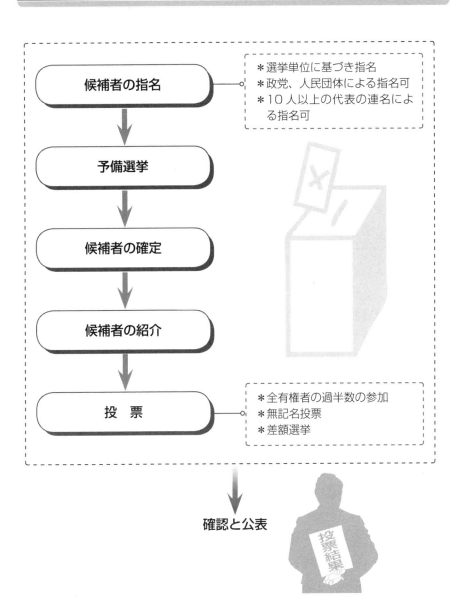

図解　現代中国の軌跡　中国政治

14.8　代表に対する罷免と補欠選挙

　有権者または選挙単位はいずれも自らが選出した代表を監督し罷免する権利を有する。

●直接選挙で選出された代表の罷免
　県級の人民代表大会代表に対しては対象者の出身選挙区の有権者50人以上の連名、郷級の人民代表大会代表に対しては30人以上の連名により、県級の人民代表大会常務委員会に書面で罷免請求を提出できる。

　県級と郷級の人民代表大会代表の罷免は、出身選挙区の過半数の有権者により可決されなければならない。

●間接選挙で選出された代表の罷免
　県級以上の各級地方人民代表大会の開催時に、主席団または10分の1以上の代表が連名で、当該ランクの人民代表大会が選出した1ランク上の人民代表大会代表に対する罷免案を提出できる。

　人民代表大会閉会期間中は、県級以上の各級地方人民代表大会常務委員会主任会議または常務委員会の5分の1以上の構成員が連名で、当該ランクの人民代表大会が選出した1ランク上の人民代表大会代表に対する罷免案を常務委員会に提出できる。

　代表の罷免には無記名の表決方法を採用する。

　県級以上の各級地方人民代表大会が選出した代表の罷免は、当該ランクの人民代表大会の過半数の代表により可決されなければならない。人民代表大会の閉会期間中は、常務委員会構成員の過半数で可決されなければならない。

●代表の欠員と補欠選挙
　代表の任期中に都合により欠員が生じた場合は、出身選挙区または選挙単位により補欠選挙を行う。県級以上の各級地方人民代表大会の閉会期間中は、当該ランクの人民代表大会常務委員会が1ランク上の人民代表大会代表の補欠選挙を行う。

216

人民代表大会代表の罷免手順の比較

罷免案（請求）提出者			審議と採択		
主体	形式	罷免請求された者の権利	審議	採択と公告	
直接選挙 郷・鎮の30人以上の有権者の連名 県・区の50人以上の有権者の連名	書面で罷免請求	有権者会議にて、または書面で弁明と意見を提出	・県級人民代表大会常務委員会が人員を派遣し主管 ・出身選挙区の有権者に罷免請求および書面での弁明と意見を印刷して配布	・無記名表決 ・出身選挙区の有権者の過半数で可決	
間接選挙 ・主席団または10分の1以上の代表の連名 ・人民代表大会常務委員会主任会議 ・人民代表大会常務委員会の5分の1以上の構成員の連名	書面で罷免案提出	・主席団会議・大会全体会議または主任会議・常務委員会全体会議で弁明と意見を提出 ・書面で提出された弁明と意見は、主席団または主任会議が印刷して会議で配布	・人民代表大会の開催時は、罷免案は会議の審議を経た後に、主席団から全体会議に表決を要請 ・人民代表大会常務委員会開催時は、罷免案は会議の審議を経た後に、主任会議から全体会議に表決を要請	・無記名表決 ・人民代表大会代表または人民代表大会常務委員会構成員の過半数で可決 ・1ランク上の人民代表大会常務委員会に報告してその記録に載せ、公告する	

第14章 選挙制度

217

図解　現代中国の軌跡　中国政治

15.1　基層大衆自治制度

　基層〔末端〕大衆自治制度[注1]は農村の村民委員会制度、都市の居民〔住民〕委員会制度、企業と事業単位〔社会的・公共的役割を果たす事業体〕の従業員代表大会制度を含む。

●基層大衆自治制度の構成

　現在、すでに中国は農村の村民委員会（略称、村委会）、都市の居民委員会（略称、居委会）、企業・事業単位の従業員代表大会を主な内容とする基層民主自治体系[注2]を構築している。

　基層大衆自治組織では、末端の一般大衆が民主的選挙・民主的意思決定・民主的管理・民主的監督という権利を法に基づき直接行使し、所属する末端組織の公共事務と公益事業に対し民主的な自治を行い、自主管理・自主教育・自主サービスを実行する。

●基層大衆自治制度は中国の政治制度の構成要素

　中国共産党第17回全国代表大会は、「基層大衆自治制度」を初めて大会報告に記載し、これを人民代表大会制度、中国共産党が指導する多党協力と政治協商制度、民族区域自治制度とともに、正式に中国の政治制度の構成要素とした。

●問題点

　現在、居民委員会・村民委員会は基層民主の多くの面で役割を発揮しているが、その執行プロセスにはいくつかの問題も存在する。

　居民委員会は任務がきつく、労働条件が悪く、報酬が低く、多くの居民委員会は固定的な事務所すらなく、住民自治の積極性に影響している。また、居民委員会の管理職員はほとんどが高齢者で、若者はこのような煩瑣な日常業務をやりたがらない。

　村民委員会にも問題点があり、理論上は中国農村部の村民が自主管理する基層大衆自治組織であるが、実際には一部の郷鎮政府は依然として村民委員会をその下部機構とみなし、行政管理の方法で村民委員会を扱い、各種の指示命令を出して具体的な業務指導を行い、村民委員会の活動を統率している。

基層大衆自治制度の構成

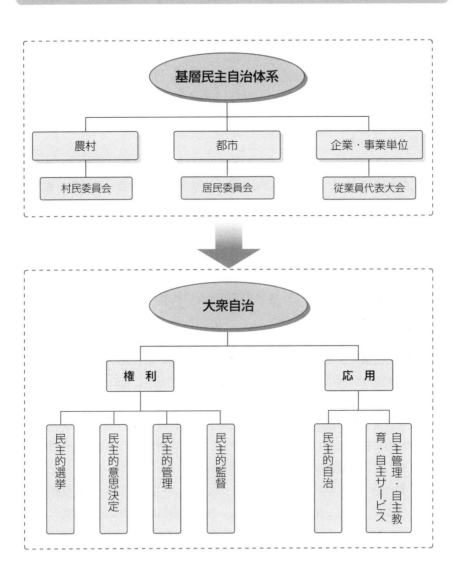

図解　現代中国の軌跡　中国政治

15.2　村民委員会制度（1）

村民委員会は農村の基層大衆自治組織である。

●農村で村民委員会の民主的選挙を実現

1949年の中華人民共和国成立後、農村基層政権〔政権機構の末端組織〕の建設が全面的に展開された。1987年に村民自治は中国の基本的政治制度になった。1992年に中国各地で農村村民委員会選挙が行われた。

●村民委員会の設立

村民委員会は村民の居住状況、人口数に基づき、大衆自治に資するという原則に従って設立される。村民委員会の設立・廃止・範囲調整は、郷（民族郷・鎮）の人民政府により提出され、村民会議で討論し同意を得た後に、県級人民政府に申請して承認を受ける。

村民委員会は、主任・副主任・委員の3名から7名で構成される。任期は3年とし、再選・再任を妨げず、かつ構成員は村民の直接選挙で選出される。当該村の満18歳以上の村民は、法に基づき政治上の権利を剥奪された者を除き、いずれも選挙権と被選挙権を有する。

村民委員会は必要に応じて民間調停・治安維持・公衆衛生・計画出産などの専門委員会を設置できる。村民委員会の構成員は下部の委員会の構成員を兼任できる。人口が少ない村は専門業務委員会を設けず、村民委員会の構成員が上記の業務を分担してもよい。

各業務委員会は村民委員会の下部組織であり、村民委員会の統一的指導の下にそれぞれの業務を展開し、村民委員会に対し責務を果たし、村民会議の監督を受けるとともに、郷鎮政府関係部門の業務指導も受けなければならない。

村民委員会は村民の居住状況に応じていくつかの村民小組を分けて設置してもよく、小組長は村民小組会議が推薦する。村民小組長は村民委員会が状況を把握し、村民と連絡を取り、速やかに村民の意見と提案を聞き取るための助手である。村民委員会は、村民小組を介して村民会議の決議と決定を徹底して実行することができる。2008年末時点で、全国に合計60万4000の村民委員会があり、委員会構成員が233万9000人いる。

220

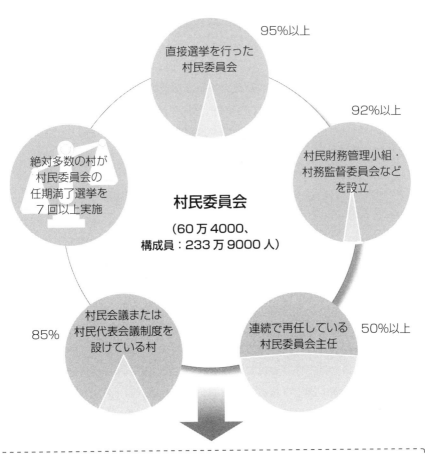

第15章 基層自治制度

図解　現代中国の軌跡　中国政治

15.3　村民委員会制度（2）

「村民委員会組織法」では、法に基づき政治上の権利を剥奪された者を除き、満18歳の村民は、民族・人種・性別・職業・出身階級・信教・学歴・財産状況・居住期間による区別なく、すべて選挙権と被選挙権を有すると規定している。

●村民選挙の参加資格と範囲

戸籍が当該村にあることが、村民の選挙参加資格の有無を認定する重要な条件であるが、当該村の戸籍を持つすべての村民が選挙に参加できるわけではなく、戸籍がない村民も選挙参加資格がないとは限らない。選挙参加資格のある村民には以下のものが含まれる。

（1）当該村に戸籍があり、かつ居住している村民。

（2）当該村に戸籍があり、居住していないが、選挙に参加する意思を示している村民。

（3）当該村に戸籍がないが、1年以上居住し、本人が選挙参加を申請して、村民会議または村民代表会議の同意を得た公民。

また、戸籍がある村または居住する村ですでに選挙参加登録をしている村民は、ほかの地域の村民委員会選挙に参加してはならない。

●村民選挙委員会

村民選挙委員会は村民委員会の選挙を主管する。

村民選挙委員会は主任と委員で構成され、村民会議、村民代表会議または各村民小組会議の推薦で選出される。

村民選挙委員会の構成員が村民委員会構成員の候補者に指名された場合、村民選挙委員会を退会しなければならない。

村民選挙委員会の構成員に退会またはその他の理由で欠員が生じた場合、元の推薦結果に基づき順次補充、もしくは改めて推薦してもよい。

222

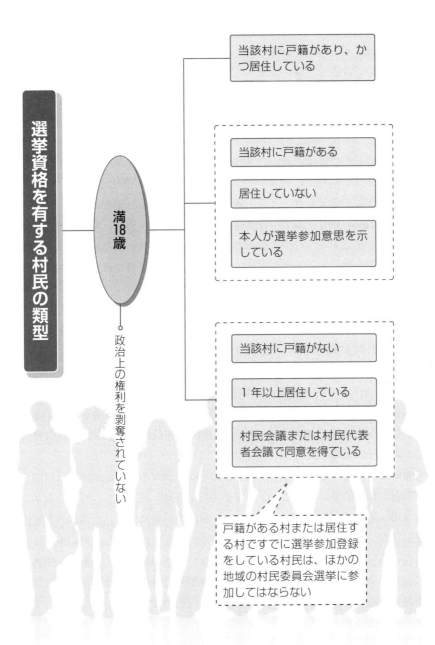

図解　現代中国の軌跡　中国政治

15.4　村民委員会制度（3）

　村民委員会は村民が自主管理・自主教育・自主サービスを行う基層大衆自治組織であり、民主的選挙・民主的意思決定・民主的管理・民主的監督を実行する。

●村民委員会の職能

　村民委員会は村民の経済的な発展を支援し組織して、当該村で集団所有する土地およびその他の財産を管理し、生態環境を保護し改善する。また、憲法・法律・法規・国の政策を宣伝し、村民の合法的権益を保護し、文化と教育を発展させ、科学技術の知識を普及させ、計画出産活動にしっかり取り組むとともに、サービス提供型・公益型・相互扶助型の社会組織の活動拡大を支援し、農村の地域コミュニティ建設を推進する。村民委員会およびその構成員は村民会議・村民代表会議の決定と決議を執行し、公平な方法で、不正を働かず公務に専念し、村民のために熱心に奉仕し、村民の監督を受けなければならない。

●村民委員会の業務の原則と制度

　村民委員会は少数が多数に従うことと開かれた透明な運営という原則を実行し、村務の公開を実施する。村民委員会は遅滞なく以下の事項を公表し、村民の監督を受ける。1. 村民会議・村民代表会議で討議し決定した事項およびその実施状況　2. 国の計画出産政策の実施計画　3. 政府の支給と社会の寄付による災害救援と手当・補助などの資金や物資の管理使用状況　4. 政府が展開する活動への村民委員会の協力状況　5. 当該村の村民の利益に関する、村民が普遍的に関心のあるその他の事項。

　一般的な事項は少なくとも四半期ごとに1回公表する。村民集団経営に関する財務取引が比較的多い場合は、財務収支状況を毎月1回公表し、村民の利益に関わる事項は随時公表しなければならない。村民委員会は公表した事項の真実性を保証し、かつ、村民からの問い合わせを受け付けなければならない。また、村民委員会の業務では強制命令を下してはならない。農村に駐在する機関・団体・部隊・国有企業・公共機関の人員および村営集団所有制事業所に属さない人員は村民委員会の組織に参加しなくてもよいが、村民規約は遵守しなくてはならず、所在地の村民委員会、村民会議または村民代表がこれら組織に関係する問題を討論し処理する際には、共に協議し解決しなければならない。

224

村民委員会の位置付けと職能

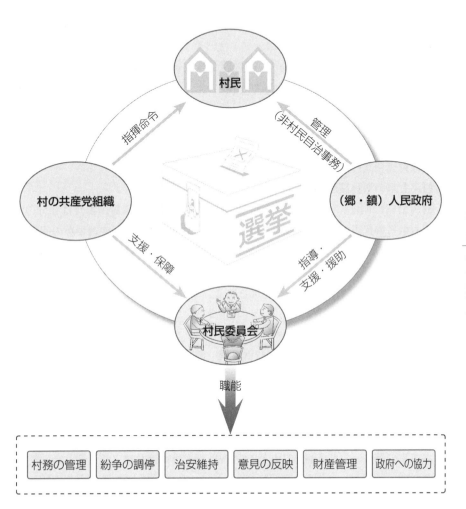

第15章 基層自治制度

図解　現代中国の軌跡　中国政治

15.5　村民委員会制度（4）

村民会議は村民自治の最高機関である。

●村民会議の職能

村民会議は当該村の満18歳以上の村民で組織され、村民委員会の年度事業報告の審議、村民委員会構成員の業務の評議を担当する。村民委員会または村民代表会議の不適切な決定を取り消しまたは変更する権限を持つ。村民委員会の年度事業報告を審議し、村民委員会構成員の業務を評議し、村民委員会の不適切な決定を取り消しまたは変更する権限を村民代表会議に与えることができる。村民委員会は村民会議に対し責務を果たし、業務報告をする。

●村民会議の業務制度

村民会議の開催には、当該村の満18歳以上の村民の過半数、または3分の2以上の世帯の代表が出席しなければならず、議事は会議出席者の過半数の同意をもって決する。必要な場合は、当該村に駐在する企業・事業単位・大衆組織の代表をオブザーバーとして招請できる。

村民会議は村民委員会により招集される。また、10分の1以上の村民の発議があるときは、村民会議を招集しなければならない。

村民の利益に関する以下の事項は、村民委員会が村民会議に討論と決定を申請しなければ処理できない。1.「郷統籌［統一徴収金］」（郷・鎮の共同経済組織が法に基づき所属部門と農家から徴収する。当該郷・鎮の農村教育事業費付加、計画出産、傷痍軍人・遺族などの優遇救済、民兵の訓練、道路建設などの民営公共事業に用いる）の徴収方法、「村提留［留保金］」（村級集団所有制経済組織が規定に基づき農民の生産収入から差し引く、村レベルの再生産の維持または拡大、公共事業の創設、日常管理支出に用いる費用の総称。公共積立金・公益金・管理費の3項目を含む）の徴収と使用　2. 当該村の休業手当[注3]を受け取る人数と支給基準　3. 集団所有制経済から得た収益の使用　4. 村立学校、道路建設など公共事業の資金調達計画　5. 集団所有制経済プロジェクトの立案と請負計画、公共事業の請負計画　6. 村民会議が自身で討論し決定すべきとみなした村民の利益に関するその他の事項など。

村民会議は村民自治規約を制定・改正し、それを郷・民族郷・鎮の人民政府に届け出ることができる。

村民委員会と村民会議

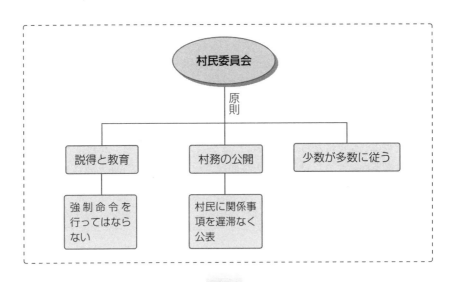

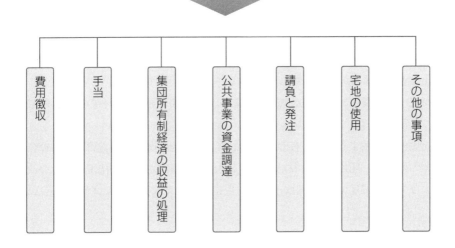

図解　現代中国の軌跡　中国政治

15.6　村民委員会制度（5）

　　人口がかなり多いまたは居住地が分散している村は、村民代表会議を設置して、村民会議が権限を与えた事項を討議し決定できる。

●村民代表会議

　　村民代表会議は村民委員会の構成員と村民の代表で組織され、村民代表は村民代表会議構成員の5分の4以上、女性の村民代表は村民代表会議構成員の3分の1以上を占めなければならない。

　　村民代表は、5世帯から15世帯ごとに1人を村民が推薦、または各村民小組から若干名を推薦する。村民代表の任期は、村民委員会の任期と同じであり、再選・再任を妨げない。

　　村民代表は、その推薦世帯または村民小組に対し責任を負い、村民の監督を受けなければならない。

　　村民代表会議は村民委員会が招集し、四半期ごとに1回開催される。5分の1以上の村民代表の発議があるときは、村民代表会議を招集しなければならない。

　　村民代表会議は3分の2以上の構成員が出席しなければ開催できず、議事は会議出席者の過半数の同意をもって決する。

●村民小組会議

　　村民小組会議の開催は、当該村の村民小組における満18歳以上の村民の3分の2以上、または世帯の代表の3分の2以上が出席しなければならず、議事は会議出席者の過半数の同意をもって決する。

　　村民小組組長は村民小組会議が推薦し、その任期は村民委員会の任期と同じであり、再選・再任を妨げない。

　　村民小組に属する集団所有の土地・企業・その他の財産の経営管理および公益事項の処理は、関係法律の規定に従って村民小組会議が討議・決定し、その決定および実施状況は、当該村村民小組の村民に遅滞なく公表されなければならない。

村民会議と村民代表会議の関係

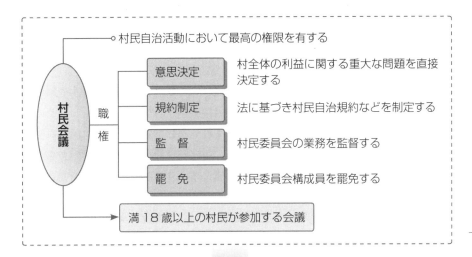

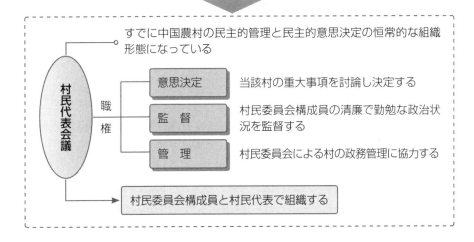

図解　現代中国の軌跡　中国政治

15.7　村民委員会制度（6）

　民主的選挙・民主的意思決定・民主的管理・民主的監督は村民自治の主な内容であるとともに、村民と上級の人民政府は村民自治機関を監督する権限を有する。

●村民自治機関の監督制度
　村は、村務監督委員会またはその他の形態の村務監督機構を設置することで、村民の民主的財務管理を引き受け、村務公開などの制度の実施を監督する。その構成員は、村民会議または村民代表会議が村民の中から推薦して選出し、その中には財務会計や管理の知識を有する者が含まれるべきであり、かつ村民委員会構成員およびその親族が含まれてはならない。村務監督機構構成員は村民会議と村民代表会に対し責任を負い、村民委員会会議にオブザーバーとして出席できる。
●村民自治機関が受ける監督の具体的内容
　村民委員会が公表すべき事項を速やかに公表しない場合、または公表した事項が真実でない場合に、村民は郷・民族郷・鎮の人民政府または県級人民政府およびその関係主管部門に訴える権利を有し、関係人民政府または主管部門が事実を調査・確認する責任を負い、法に基づき公表するよう〔村民委員会に〕命じなければならない。調査の結果、確かに違法行為があった場合は、関係者が法に基づき責任を負わなければならない。村民委員会構成員、および村民または村民集団経営体が休業手当を負担する招聘任用職員は、職責履行状況に対し村民会議または村民代表会議の民主的評議を受けなければならない。村民委員会と村務監督機構は村務文書を作成しなければならず、文書には、選挙通知と投票用紙、会議議事録、土地請負経営の発注計画と請負契約書、村民集団経営体の財務諸表と会計帳簿などを含む。村民委員会構成員は任期中および離任時に経済責任監査〔経済的責任の履行状況に対する監査〕を実施し、監査は県級人民政府の農業部門・財政部門または郷・民族郷・鎮の人民政府が担当する。村民委員会または村民委員会構成員が行った決定が村民の合法的権益を侵害した場合、侵害を受けた村民は、人民法院に申請してこれを撤回させ、法に基づいて相手方に賠償責任を負わせることができる。村民委員会が法律・法規の履行義務に応じない場合は、郷・民族郷・鎮の人民政府が是正を命じる。郷・民族郷・鎮の人民政府が村民自治の範囲に属する事項に介入した場合は、上級の人民政府が是正を命じる。

村民自治の主な内容

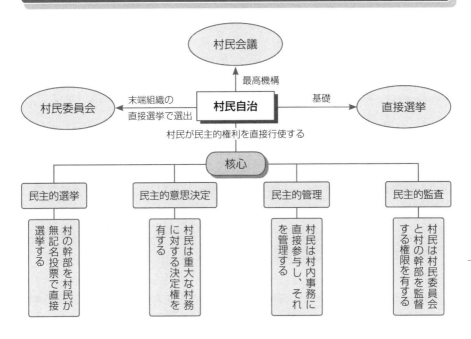

農村体制の変遷

郷鎮―人民公社―郷鎮

- 1958年、郷鎮政治権力を政社合一〔行政と合作社の一体化〕の人民公社に改革
- 1983年、人民公社を郷鎮政府に改革

村―生産隊―村

- 1958年、村を生産大隊と生産隊に改革
- 1982年、村民委員会を基層大衆自治組織として確立
- 1998年、「村民委員会組織法」を正式可決

第15章　基層自治制度

図解　現代中国の軌跡　中国政治

15.8　居民委員会

　居民委員会は都市住民の自主管理・自主教育・自主サービスによる基層大衆自
治組織である。

●居民委員会の構成と任務
　居民委員会は住民の居住状況に基づき、100戸から700戸の範囲内に設置され、
その設立・廃止・規模調整は、区非設置市および市管轄区の人民政府が決定する。
　居民委員会の任務は次のとおりである。1. 憲法・法律・法規・国家政策の宣伝、
住民の合法的権益の保護　2. 当該居住地区住民の公共事務および公共事業の処
理　3. 民間紛争の調停　4. 社会の治安維持への協力　5. 人民政府またはその
出先機関に対する、公共衛生、計画出産、傷痍軍人・遺族などの優遇救済、青少
年教育など住民の利益に関係する業務遂行への協力　6. 人民政府またはその出
先機関へ住民の意見・要求の反映、提案の提出。

●居民委員会の機構
　居民委員会は主任・副主任・委員の合計5人から9人で構成される。多民族居
住地区では、居住委員会に少数民族の委員が含まれていなければならない。居民
委員会の主任・副主任・委員は当該居住地区全体の選挙権を有する住民または各
世帯の代表による選挙で選出される。住民の意見に基づき、各居民小組ごとに選
んだ2～3人の代表による選挙で選出することもできる。居民委員会の任期は3
年とし、構成員の再選・再任を妨げない。居民委員会は必要に応じて、通常は民
事調停・治安維持・公共衛生などの委員会を設置しているが、いくつかの居民小
組を分けて設置することもでき、小組長は居民小組の推薦で選出される。
　居民委員会の業務経費と財源、構成員の生活手当の範囲・基準・財源は、区非
設置市および市管轄区の人民政府または上級の人民政府が規定し支給する。住民
会議の同意を得て、居民委員会の経済収入の中から適宜補助できる。居民委員会
の事務所は、地元の人民政府が統一的に計画して決める。
　機関・団体・部隊・企業・事業単位は所在地の居民委員会に参加しないが、そ
の業務を支援しなければならない。

232

居民委員会、村民委員会および中国の基層民主

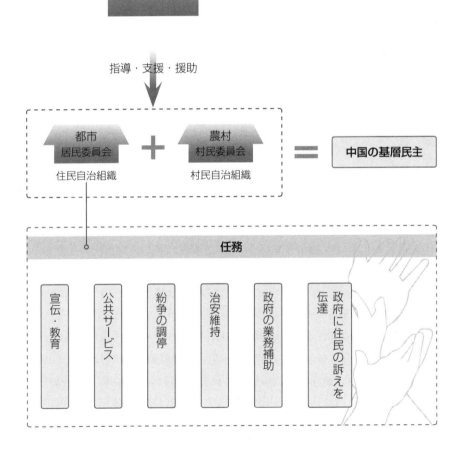

図解　現代中国の軌跡　中国政治

15.9　従業員代表大会

　従業員代表大会は企業が民主的管理を実行する基本形態であり、従業員が民主的管理権限を行使する機構である。

●従業員代表大会は企業が民主的管理を実行する形態

　1982 年、憲法は従業員代表大会制度を認定し、国有企業が従業員代表大会およびその他の形態によって民主的管理を実行することを規定した。その後、従業員代表大会制度は中国の公有制企業の中に広く普及し、その属性として、従業員代表大会は民主集中制を実行するものである。

●従業員代表大会と工会〔労働組合〕の関係

　従業員代表大会と工会の関係は 3 種類に分かれる。国有企業の工会は従業員代表大会の業務機構であり、従業員代表大会の日常業務を担い、従業員代表大会の決議の執行をチェックし、督促する。集団所有制企業の工会は、従業員の民主的管理と民主的監督への参加を支援し段取りし、従業員が管理職員を選挙し罷免する権利および経営管理の重要問題を決定する権利を保護する。その他の企業・事業単位の工会は、法律の規定に基づき、企業・事業単位に適した形態を採用した、従業員の企業・事業単位の民主的管理への参与を段取りする。

　国有企業の工会は次の業務を行う。1. 従業員による従業員代表選挙の手配 2. 従業員代表大会の議題提案、従業員代表大会の準備と会議の段取りの主管 3. 従業員代表団（組）長、専門小組責任者の合同会議の主管　4. 専門小組の調査研究の手配、従業員代表大会への提案提出、大会決議の執行状況のチェックと督促、従業員へ従業員代表大会決議の確実な実施の働きかけ　5. 従業員に対する民主的管理の宣伝、従業員代表の政策・業務・管理知識の学習の手配、従業員代表の資質向上　6. 従業員代表の訴えと提案の受け付けと処理、従業員代表の合法的権益の保護　7. 企業の民主的管理のためのその他の業務の段取り。

　上級工会〔地方各級総工会・中華全国総工会〕は従業員代表大会の職権の正しい行使を指導し支援し保護する責任を有する。

234

従業員代表大会の発展の推移

1949
工場管理委員会と従業員代表会議制度を設立

1957
常任制従業員代表大会を設立し、従業員が企業の管理と監督行政に参加する権力機構とする

1961
「工業 70 条〔国営工業企業工作条例〕」で、企業は「政治の民主、技術の民主、経済の民主」を実行しなければならないと規定

1978
中国工会第 9 回全国代表大会で、すべての企業が民主的管理を実行するよう要求

1981
従業員代表大会は重要議案を審議・決定・承認し、企業行政の指導者を選挙し、重要問題について相応する決議を行う権利を所持

1982
憲法が従業員代表大会制度を認定

2007
中国共産党第 17 回全国代表大会で、工場業務公開の推進、従業員の管理への参加支援、従業員の合法的権益の保護を提示

第15章 基層自治制度

図解　現代中国の軌跡　中国政治

16.1　社会団体

　社会団体とは中国の公民が自発的に結成し、会員の共通の願いを実現するために、その規約に従って活動を展開する非営利性社会組織を指す。

●**社会団体の管理の概況**

　社会団体の設立には、その業務主管部門による審査と承認を経て、登録を行わなければならない。

　国務院関係部門と県級以上の地方各級人民政府関係部門、国務院または県級以上の地方各級人民政府が権限を与えた組織が、関係する業種・学科または業務の範囲内にある社会団体の業務主管部門である。国務院民政部門と県級以上の地方各級人民政府民政部門は、当該ランクの人民政府の社会団体登録管理機関である。

●**社会団体の登録**

　社会団体の設立を申請する際は、発起人が登録管理機関に準備を申請しなければならない。社会団体の設立は以下の条件を満たさなければならない。

　(1) 50人以上の個人会員または30以上の団体会員を有すること。個人会員と団体会員が混在する場合は、会員総数が50以上であること。

　(2) 規範的な名称と組織機構を有し、固定の所在地と専従職員を有すること。

　(3) 合法的な資産と事業費財源を有し、全国レベルの社会団体は10万元以上、地方レベルの社会団体および行政区を跨ぐ社会団体は3万元以上の活動資金を有すること。

　社会団体設立後に支部や代表事務所を設置する予定の団体は、業務主管部門の審査と承認を経て、登録管理機関に登録申請をしなければならない。社会団体の支部や代表事務所は法人格を持たない。社会団体の支部はそれ自身の支部をさらに設立してはならない。

　全国レベルの社会団体は国務院の登録管理機関が、地方レベルの社会団体は所在地人民政府の登録管理機関が、行政区を跨ぐ社会団体は跨いでいる行政区に共通する1ランク上の人民政府の登録管理機関が、それぞれ登録管理を担当する。

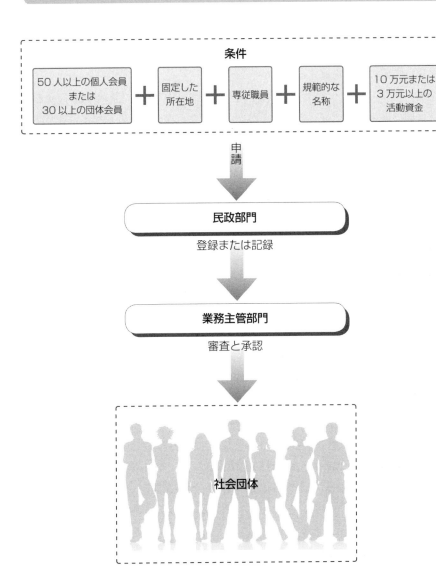

図解　現代中国の軌跡　中国政治

16.2　全国レベルの社会団体

　現在、全国レベルの社会団体は 2000 近くあり、そのうち、行政組織の枠組みまたは事業体の枠組みを使用し、国の財政の割り当てがある団体は約 200 である。

●名称に特定の字句を冠する場合

　全国レベルの社会団体の名称に「中国」「全国」「中華」などの字句を冠する場合は、国の関係規定に従って認可を得なければならない。地方レベルの社会団体は「中国」「全国」「中華」などの字句を冠してはならない。

●事業費財源

　全国レベルの社会団体の事業費財源は多元的であり、会費収入、国内外からの寄付、有償業務収入、政府部門の助成金、その他の合法的収入を含む。

　国の行政経費や事業経費が支出されている社会団体は、条件を整え、期限までに経費の自弁を実現しなければならないと関係部門がすでに規定している。

●重要な全国レベルの団体

　2000 の全国レベル社会団体のうち、国家機関の枠組みを使用し、国の財政から割り当てのあるものは約 200 団体ある。そのうち、中華全国総工会（略称、全国総工会）・中国共産主義青年団（略称、共青団）・中華全国婦女連合会（略称、全国婦連）は、特別な政治的地位があり、社会に幅広い影響力がある。

　その他に、16 の社会団体が存在し、政治的地位は上記 3 団体に及ばないが、比較的特殊なものであり、以下に列挙する。中国文学芸術界連合会（略称、中国文連）、中国科学技術協会（略称、中国科協）、中華全国帰国華僑連合会（略称、全国僑連）、中国作家協会（略称、中国作協）、中国法学会、中国人民対外友好協会、中国国際貿易促進委員会（略称、中国貿促会）、中国障害者連合会、中国宋慶齢基金会、中華全国新聞工作者協会（略称、中国記協）、中華全国台湾同胞聯誼会、黄埔軍官学校同窓会、中国人民外交学会、中国紅十字総会、中国職員・労働者思想政治活動研究会、欧米同窓会。

　上記 19 の全国レベル社会団体は、非政府組織であるが、政府の一部の職能を大いに行使しており、国政と社会生活において重要な役割を担っている。

社会団体の名称に冠する字句の規定および登録不要な社会団体

名称に冠する字句

全国レベルの社会団体
名称に「中国」「全国」「中華」などの字句を冠する場合は認可が必要

地方レベルの社会団体
名称に「中国」「全国」「中華」などの字句を冠するのは禁止

登録不要
* 中国人民政治協商会議に参加する団体
* 国務院の機構編制管理機関が認可し、かつ、国務院が登録免除を承認した団体
* 機関・団体・企業・事業単位の内部で当該組織が設立を認可し、当該組織の内部で活動を行う団体

第16章 社会団体と大衆組織

図解　現代中国の軌跡　中国政治

16.3　中華全国総工会

中国の工会〔労働組合〕は産業と地方の結合という組織指導原則を実行し、中華全国総工会は各地方総工会と各産業工会の全国組織の指導機関である。

●性質と位置付け

中国国内の企業・事業体・機関における、賃金収入を主な生活資金とするすべての肉体労働者と頭脳労働者は、民族・人種・性別・職業・信教・学歴を問わず、「中国工会章程〔規約〕」を承認しさえすれば、誰でも加入申請できる。

中国工会は中国共産党が主導する、職員・労働者が自発的に結成した労働者階級の大衆組織である。

●職能と職責

中国工会の主な社会的職能は、1.　職員・労働者の合法的権益と民主的権利を保護すること　2.　職員・労働者を動員し組織して、経済と社会を発展させる任務を完遂すること　3.　企業の民主的管理に参与すること　4.　職員・労働者を教育して思想・道徳・科学技術・教養的資質を絶えず向上させることである（「保護・建設・参与・教育」の4項目の職能と略称する）。

●組織機構

工会の最高権力と指導機関は、全国代表大会および同大会で選出される中華全国総工会執行委員会である。全国代表大会は5年に1回開催され、同大会で選挙により上記執行委員会が選出される。執行委員会は全国代表大会の閉会期間中に全国の工会の業務を指導し、主席団を選挙で選出して、執行委員会閉会期間中は執行委員会の職権をこれに行使させる。主席団の下部に書記処を設け、書記処は主席団の指導下で中華全国総工会の日常業務を主管し、中国の各地方総工会と各産業工会の全国組織を指導する。

中華全国総工会は党中央書記処が指導する。2012年末時点で、すでに中国の末端工会組織の数は266万5000、会員数は2億8000万人に達している。

中国工会の組織機構

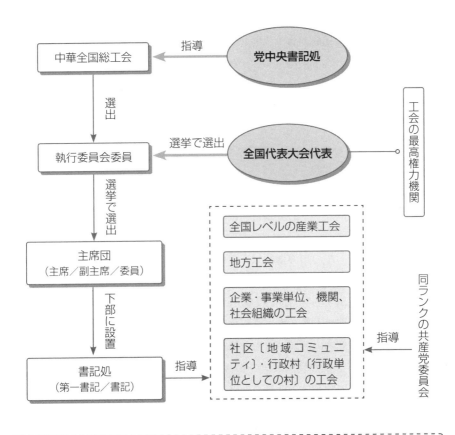

*中国本土の工会は産業と地方の結合という原則を実行し、各産業は全国レベルと地方レベルの産業工会組織を設立する。
*省・自治区・直轄市および市・県の地方総工会は、それぞれ地元の産業工会と地方工会の指導機関になる。
*中国工会は同ランクの共産党委員会と上級工会からの二重指導を受け、同ランクの党委員会による指導を主体とする。

図解　現代中国の軌跡　中国政治

16.4　中国共産主義青年団

　中国共産主義青年団〔以下、共青団〕は党が指導する先進的青年大衆組織であり、中国共産党が青年と結ぶ絆であり、青年に対する政府の管理事務を補助するとともに、青年の具体的利益を代表し、それを保護する。

●**発展の歩み**

　1920年、中国共産党が上海で社会主義青年団を組織し、1922年に全国統一組織を設立、1925年に中国共産主義青年団に、1949年に中国新民主主義青年団に改称。1957年に再び中国共産主義青年団に改称した。

●**組織と制度**

　共青団の中央委員会は中国共産党中央委員会による指導を受け、共青団の地方組織と末端組織は同ランクの党委員会による指導を受けるとともに、共青団の上級組織の指導も受ける。

　共青団の全国レベルの指導機関は、その全国代表大会および同大会が選出する中央委員会である。地方の各級共青団の指導機関は、同ランクの共青団代表大会および同大会が選出する共青団の委員会である。

　共青団の下級組織は上級組織に指示を仰ぎ、業務報告をしなければならず、また、その職責の範囲内の問題は自力で解決しなければならない。

　共青団全国代表大会の職権は次のとおりである。1. 中央委員会の業務報告を審査し承認する　2.団全体の活動方針・任務・関係重要事項を討論し決定する　3.団の規約を改正する　4. 中央委員会を選挙で選出する。

　企業・農村・機関・学校・科学研究機構・街道社区〔都市部の末端行政単位、地域コミュニティ〕・社会団体・社会仲介組織・人民解放軍連隊〔中隊に相当〕、人民武装警察部隊中隊・その他末端組織で、3人以上の共青団員を有するときは、いずれも共青団の末端組織を設立しなければならない。

　共青団の末端組織は団の基層委員会・総支部委員会・支部委員会をそれぞれ設立する。支部委員会と総支部委員会は団員大会が選挙で選出し、任期は2年または3年だが、大学と高校の学生・生徒支部委員会の任期は1年である。基層委員会は団員大会または代表大会が選挙で選出し任期は3年から5年である。

242

共青団の組織機構

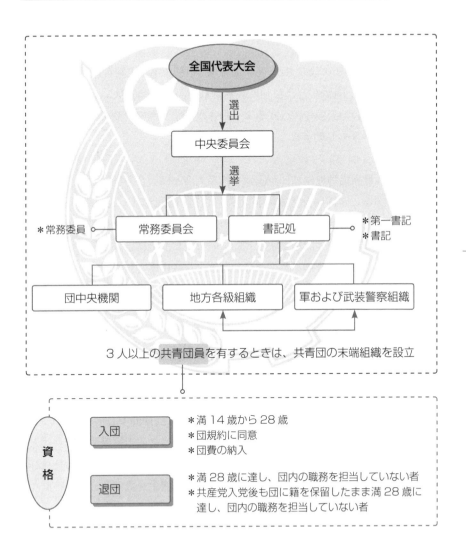

図解　現代中国の軌跡　中国政治

16.5　中華全国婦女連合会

　中華全国婦女連合会〔以下、全国婦連〕は国の政権の社会的支柱の１つである。

●歴史と職能

　全国婦連は 1949 年に設立され、元の名称は「中華全国民主婦女連合会」である。1978 年に「中華全国婦女連合会」に改称された。その職能は、女性を団結させて経済建設と社会の発展に参与するよう働きかけ、女性の利益を代表し、それを保護し、男女平等を促進することである。

●組織機構

　全国婦連の最高指導機関は、全国婦女代表大会と同大会が選出する全国婦連執行委員会である。全国婦女代表大会は５年に１回開催され、大会閉会期間中は、全国婦連執行委員会が全国婦女代表大会の決議を貫徹執行し、業務の中の重要な問題と人事配置について討論し決定する。執行委員会全体会議は毎年１回開催され、常務委員会が招集する。執行委員会全体会議は主席１名、副主席若干名、常務委員若干名を選挙し、常務委員会を組織する。常務委員会は執行委員会の閉会期間中の指導機関であり、日常業務を主管する。

●地方組織と末端組織

　地方の各級婦女連合会の指導機関は、地方各級婦女代表大会と同大会が選出する執行委員会である。

　県級以上の地方各級婦女代表大会は５年に１回開催される。執行委員会は常務委員会を選挙で選出し、常務委員会は執行委員会の閉会期間中の指導機関であり、半年に１回会議を開催する。郷鎮・街道社区婦女連合会の指導機関は婦女代表大会であり、３年から５年に１回開催される。農村の行政村、郷鎮企業、農林・牧畜・漁場、都市の居民委員会、専門市場などにも婦女代表会を設立し、条件を満たした行政村は婦女連合会を設立できる。婦女代表会は居住区・事業所ごとに成人女性が選出する数人の代表によって組織される。

婦女連合会の組織機構

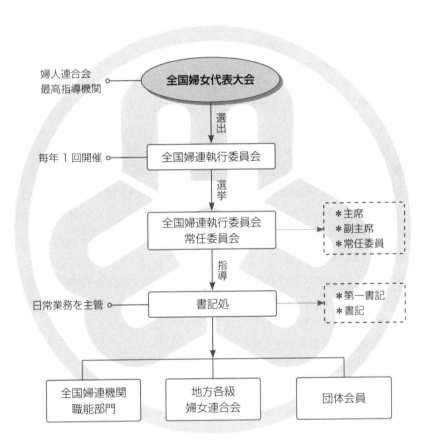

- 婦人連合会最高指導機関 → 全国婦女代表大会
- 毎年1回開催 → 全国婦連執行委員会（選出）
- 全国婦連執行委員会 常任委員会（選挙）
  - *主席
  - *副主席
  - *常任委員
- 日常業務を主管 → 書記処（指導）
  - *第一書記
  - *書記
- 全国婦連機関職能部門／地方各級婦女連合会／団体会員

第16章　社会団体と大衆組織

婦女連合会の基本職能
*女性の利益を代表し保護する
*男女平等を促進する
*女性と子どものために奉仕する

245

図解　現代中国の軌跡　中国政治

16.6　その他の主要な社会団体

　中国のその他の社会団体には、中国科学技術協会や中華全国工商業連合会など
が含まれる。

●**中国科学技術協会**

　中国科学技術協会は 1958 年に設立された、中国の科学技術者の組織であり、
中国が科学技術事業の発展を推進する重要な担い手である。167 の全国レベルの
科学技術学会、430 万人余りの会員を擁し、主席は韓啓徳氏〔データは 2013 年
現在のもの。2016 年 6 月より主席は万鋼氏。韓啓徳氏は名誉主席に就任〕。

●**中華全国工商業連合会**

　中華全国工商業連合会は中国民間商会とも称され、1953 年 11 月に設立された、
中国工商業界が組織する全国規模の団体であり、政府が非公有制経済を管理する
助手である。

●**中華全国帰国華僑連合会**〔以下、中国僑連〕

　中国僑連は 1956 年に設立され、中国の帰国華僑および在外華僑の留守家族で
構成される全国規模の人民団体であり、人民政治協商会議全国委員会の構成団体
でもある。各ランクの華僑連合会は同ランクの工会・青年団・婦女連合会などの
人民団体と同等の待遇を享受している。

●**中華全国青年連合会**〔以下、全国青連〕

　中国青連は 1949 年に設立された、中国の各青年団体の連合組織である。全国
青連の活動対象は 3 億人余りの中国の青年をカバーし、主な活動分野は、ボラン
ティア・環境保護・権益擁護・イノベーション・起業・若者文化などを含む。

●**中華全国台湾同胞聯誼会**〔以下、全国台聯〕

　全国台聯は 1981 年に北京で設立され、その趣旨は、台湾海峡両岸の同胞の友
情を増進し、台湾同胞の幸福をはかり、両岸関係の平和的な発展を推進し、祖国
統一を促進することである。

246

中国の主な社会団体

国務院の認可により登録を免除された社会団体

* 中国文学芸術界連合会
* 中華全国新聞工作者
　〔ジャーナリスト〕協会
* 中国人民外交学会
* 中国障害者連合会
* 中国法学会
* 中国職員・労働者政治思想活動研究会
* 中国留学人員聯誼会〔留学生交流会〕
* 中華職業教育社

* 中国作家協会
* 中国人民対外友好協会
* 中国国際貿易促進委員会
* 中国宋慶齢基金会
* 中国紅十字会〔赤十字社に相当〕
* 欧米同窓会
* 黄埔軍官学校同窓会

その他の全国レベルの主な社会団体

* 中国少年先鋒隊
* 中華医学会
* 中国市場学会
* 中華環境保護基金会
* 中国人口学会
* 中国計画生育〔計画出産〕協会
* 中国登山協会
* 中国消費者協会
* 中国出版工作者協会

* 中国青少年発展基金会
* 中華全国弁護士協会
* 中国商業連合会
* 中国質量〔品質〕万里行促進会
* 中国人口福祉基金会
* 中国国際文化交流中心
* 中国撮影家〔カメラマン〕協会
* 中華全国専利代理人〔弁理士〕協会
* 中華翻訳工作者協会

図解　現代中国の軌跡　中国政治

第5編　訳注

第13章
注1　全国レベルの社会団体のうち、人民政協に参加する団体。具体的には13.4節に記載されている8団体をいう。社会団体の定義については第16章を参照。
注2　2018年3月の第13期より汪洋氏が就任。
注3　主に、私営企業や外資企業の管理者および技術者、仲介機関の従業者や自由業者などを指す。

第15章
注1　人民代表大会制度、中国共産党が指導する多党協力と政治協商制度、民法区域自治制度と並ぶ中国の4大社会主義民主政治制度。
注2　中国で言う「民主」とは「社会主義の中での民主」であり、「基層民主」は末端レベルの民意を反映させることで、共産党政権の安定を図るものである。
注3　原文は「誤工補貼」。村民委員会の会議などにより村民が生産に従事できない場合に、その損失を補償する。

訳者あとがき

　本書には、国家の大枠から末端自治組織まで、中国がどういった仕組みで巨大な社会を運営しているのか、いかなる枠組みに人々の生活が組み込まれているのかが、総覧的にまとめられています。

　私は高校卒業まで、まったくと言っていいほど現代中国に関する知識がありませんでした。中国語を学んで2年目に北京で語学研修を受けたときも、ただ楽しい楽しいと言って帰ってきたものです。友人から「中国はどういうところだったか、共産主義支配は生活面ではどう感じられるのか」と問われても、答えるべき何物も持っていません。知り合った中国人青年が共産党員だと聞いたときは、それがどういう意味を持つのかわかりませんでしたが、知識も問題意識もないので、質問をすることすらできないのです。

　ところが勉強しようとしても、図書館には専門的で大部な書物ばかり。町の書店には薄くカラフルな本があるけれど、知りたいことは書いていない。新聞を読めば、読者に知識があることを前提に書かれていて、連載小説を途中から読むような歯がゆさ。情報リテラシーに欠ける学生だった私は、小さな知識をこつこつと集めるばかりで、ずいぶん遠回りをしたように思います。

　非力も省みずに本書の翻訳をお引き受けしたのは、このような総合的レファレンス書籍にもっと早く出会いたかった、という気持ちに突き動かされたからでもありました。本シリーズが、基礎知識を総合的に得られる手段として、中国に興味を抱いた多くの人のお手元に届くことを願ってやみません。

　若輩の私に翻訳を任せ、翻訳の心得から訳語選定まで細かくご指導くださった監訳の三潴正道先生、別に担当書籍を抱えながらご助力くださった高崎由理さん、吉田祥子さん、また翻訳の機会を与えていただいた科学出版社東京向安全社長、柳文子さん、細井克臣さんに心より御礼申し上げます。

井田　綾

2018年9月

著者・監訳者・翻訳者略歴

著者
楊鳳春（ヤン　フォンチュン）
北京大学政府管理学院教授、北京大学電子政務研究院研究員。専門は中国政治、行政マ
ネジメント、電子政務。1980 〜 84 年北京大学国際政治学部、1984 年〜 87 年、北京大
学国際政治学部修士課程、1987 年より北京大学で、その後北京大学国際政治学部、政
治学行政管理学部、政府管理学院、電子政務研究院などで教鞭を執る。1993 年アメリカ、
1999 年オーストラリアで訪問研究。中国政府と政治、地方自治体と電子政務の分野で
英文著書あり。

監訳者
三潴正道（みつま　まさみち）
麗澤大学客員教授。NPO 法人「日中翻訳活動推進協会（而立会）」理事長。上海財経大
学商務漢語基地専門家。日中学院講師。主な業績：著書『必読！ いま中国が面白い』（日
本僑報社）、『時事中国語の教科書』（朝日出版社）、『論説体中国語読解力養成講座』（東
方書店）、『ビジネスリテラシーを鍛える中国語Ⅰ、Ⅱ』（朝日出版社）など。ネットコ
ラム『現代中国放大鏡』（グローヴァ）、『中国「津津有味」』（北京日本商会）、『日中面
白異文化考』（チャイナネット）、『日中ビジネス「和睦相処」』（東海日中貿易センター）、
『日中異文化「どっちもどっち」』（JST）

翻訳者
井田　綾（いだ　あや）〔第 1 編〜第 3 編〕
翻訳者、中国語発音講師。NPO 法人「日中翻訳活動推進協会（而立会）」認定中日翻訳
士。訳書に『街なかの中国語』シリーズ（共訳、東方書店）、『必読！ いま中国が面白い』
シリーズ（共訳、日本僑報社）、『中国出版産業データブック』（共訳、日本僑報社）など。
早稲田大学文学修士（東洋史学）。

高崎由理（たかさき　ゆり）〔第 4 編〕
1960 年生、立教大学文学研究科日本文学専攻博士後期課程満期退学。NPO 法人「日中
翻訳推進協会（而立会）」メンバー。訳書に『諸葛孔明　人間力を伸ばす 7 つの教え』（共
訳、日本能率協会マネジメントセンター）、『必読！ いま中国が面白い』シリーズ（共訳、
日本僑報社）。

吉田祥子（よしだ　よしこ）〔第 5 編〕
フリーランス翻訳者。NPO 法人「日中翻訳活動推進協会（而立会）」認定中日翻訳士。
主な著書・翻訳書に『論説体中国語読解練習帳』全 4 巻（共著、東方書店）、『必読！ い
ま中国が面白い』シリーズ（共訳、日本僑報社）、『たくさんキクヨム中国語』（共著、コ
スモピア）、月刊誌『月刊中国ニュース』（アジア太平洋観光社）の記事翻訳など。

図解　現代中国の軌跡
中国政治

2018 年 11 月 9 日　初版第 1 刷発行

著　　　者　　楊鳳春
監 訳 者　　三潴正道
翻 訳 者　　井田　綾
　　　　　　　高崎由理
　　　　　　　吉田祥子
発 行 者　　向安全
発　　　行　　科学出版社東京株式会社
　　　　　　　〒 113-0034　東京都文京区湯島 2 丁目 9-10　石川ビル 1 階
　　　　　　　TEL 03-6803-2978　FAX 03-6803-2928
　　　　　　　http://www.sptokyo.co.jp
組版・装丁　　越郷拓也
印刷・製本　　モリモト印刷株式会社

ISBN 978-4-907051-43-3　C0031

『図解中国政治』 © Yang Fengchun, 2014.
Japanese copyright © 2018 by Science Press Tokyo Co., Ltd.
All rights reserved original Chinese edition published by People's Publishing House.
Japanese translation rights arranged with People's Publishing House.

定価はカバーに表示しております。
乱丁・落丁本は小社までお送りください。送料小社負担にてお取り換えいたします。
本書の無断転載・模写は、著作権法上での例外を除き禁じられています。